Robert Bor / Jeannette Josse / Stephen Palmer

Die Angst vor dem Fliegen überwinden

Rat & Tat bei Oesch

Dr. med. Ian Banks
Alles, was Männer über ihre Gesundheit wissen sollten
Der stets »griffbereite Hausarzt«. Umfassend, pragmatisch, witzig. 3. Auflage

Åke Beckérus:
Katze auf Leben und Tod
Wie ich meine Tierhaarallergie besiegte. 3. Auflage

Emile Coué
Autosuggestion
Wie man die Herrschaft über sich selbst gewinnt. Die Kraft der Selbstbeinflussung durch positives Denken. 2. Auflage

Harald Hosch
Gesund durch Entsäuerung
Das Säure-Basen-Gleichgewicht wiederherstellen und erhalten
19. Auflage (Jopp/Oesch-Programm)

Dr. med. John McKenna
Sanfte Hilfen für die Nerven
Natürliche Beruhigungsmittel und ihre Anwendung

Shirley Trickett
Angstzustände und Panikattacken erfolgreich meistern
Pragmatisch, verständlich, klar – Hilfe zur Selbsthilfe.
10. Auflage

In Ihrer Buchhandlung

Robert Bor / Jeannette Josse / Stephen Palmer

Die Angst vor dem Fliegen überwinden

Ratgeber für Betroffene und ihre Angehörigen

Aus dem Englischen von
Katrin Odenberg

Oesch Verlag

Die englische Originalausgabe erschien 2000
unter dem Titel *Stress-free Flying*
bei Quay Books Division, Mark Allen Publishing Limited,
Dinton, Wilts, UK

Die Deutsche Bibliothek – CIP-Einheitsaufnahme

Bor, Robert:
Die Angst vor dem Fliegen überwinden :
Ratgeber für Betroffene und ihre Angehörigen /
Rober Bor/Jeannette Josse/Stephen Palmer. –
Aus dem Engl. von Katrin Odenberg. –
Zürich – Oesch, 2001
Einheitssacht.: Stress-free flying <dt.>
ISBN 3-85833-591-6

Satz: Oesch Verlag
Druck und Bindung: Legoprint S.p.A., Lavis

ISBN 3-85833-591-6

Gern senden wir Ihnen unser Verlagsverzeichnis:
Oesch Verlag, Jungholzstraße 28, 8050 Zürich
E-Mail: info@oeschverlag.ch
Telefax 0041/1 305 70 66 (CH: 01/305 70 66)

Unser Buchprogramm finden Sie im Internet unter:
www.oeschverlag.ch

Inhalt

Einleitung

Noch nie waren Flugreisen so selbstverständlich. Jedes Jahr wird für Millionen von Menschen auf der ganzen Welt der Traum vom Fliegen Wirklichkeit. Bald werden eine Milliarde Menschen zumindest eine Flugreise pro Jahr unternehmen. Wenn Sie dieses Buch gekauft haben, dann planen Sie vielleicht so eine Reise oder sind bereits unterwegs. Vielleicht empfinden Sie Vorfreude, Aufregung, haben ein bißchen Angst oder sind gar beunruhigt, während Sie gleichzeitig vollauf damit beschäftigt sind, alles Notwendige zu organisieren und vorzubereiten.

Bedauerlicherweise wird der Traum vom Fliegen – von Leonardo da Vinci, den Gebrüdern Wright und anderen genährt – mitunter von Streß getrübt. Vor etwa zwanzig Jahren waren Flugreisen ein Abenteuer, das sich nur wenige wohlhabende Leute leisten konnten, das es jedoch plötzlich möglich machte, in größerer Geschwindigkeit als jemals zuvor zu reisen. Passagiere wurden verwöhnt und waren folgsam. Mit der Entwicklung von großen kommerziellen Fluggesellschaften, Massentransporten und Billigflügen hat sich dies geändert. Die Werbung erweckt Erwartungen bei den Reisenden, denn das Produkt, das sie anpreist, erscheint glamourös. Wenn unsere Erwartungen nicht erfüllt werden, sind wir enttäuscht, und eine mögliche Reaktion darauf ist Streß.

Dieses Buch kann Ihnen helfen, besser mit dem Streß auf heutigen Flugreisen zurechtzukommen. Wir, die Autoren, haben als erfahrene Psychologen selbst erlebt und beobachtet, was geschieht, wenn Menschen reisen. Wir wissen, wie sehr Flugreisen unsere Beziehungen und unser Zeitgefühl, unser Verhalten, die Körperfunktionen und -systeme beeinträchtigen und unsere Vorstellungen von den Freuden des Fliegens enttäuschen. Wir behandeln Menschen, die unter irgendeiner Form von Flugangst leiden, sei es nun leichtes Unbehagen oder lähmende Phobie. Streß und Angst im Zusammenhang mit Flugreisen können sich als Hindernis im Beruf oder im Privatleben erweisen. Reisepläne werden vielleicht aufgegeben und Entschuldigungen vorgeschoben. *Die Angst vor dem Fliegen überwinden* wird Ihnen jedoch helfen, die Ursachen für Ihren Reisestreß zu erkennen, und praktische Vorkehrungen zu seiner Bewältigung zu planen.

Schon lange bevor man sich zum Flughafen begibt, kann der Streß beginnen. Reisevorbereitungen, der Gedanke an das Abschiednehmen von Familie, Freunden oder Kollegen können Streß und Unbehagen verstärken. Am Flughafen angelangt, bringen das Gedränge, der Lärm, Verständigungsschwierigkeiten, unzureichende Ausschilderung und lange Wege zum Abflugschalter leicht auch den gesündesten Reisenden an die Grenze des Erträglichen. Noch schlimmer ist der Trubel am Flughafen für ältere oder sehr junge Leute und für Menschen mit einer Form von Behinderung. Für jemanden, der unter Sehproblemen leidet, ist es belastend, wenn ihm ausschließlich visuelle Angaben zu Ankunft und Abflug geboten werden.

Die Mischung aus Gedränge, Lärm, Verständigungsschwierigkeiten, rücksichtslosem Verhalten und ungenauer oder unverständlicher Information kann Ihnen, dem Reisenden, ein Gefühl von physischer und psychischer Verwundbarkeit und Streß vermitteln. Dies verstärkt sich unter Umständen, wenn Sie müde und übermäßig mitgenommen sind oder dazu neigen, aggressiv, ängstlich oder verärgert auf derartige Belastungen zu reagieren. Ebenso neigen Sie vielleicht zur Überreaktion auf Probleme und Situationen, wenn Sie die Reise mit der Erwartung angetreten haben, »alles hinter sich lassen« zu können, was Streß verursacht.

Die meisten Passagiere haben gewisse Erwartungen hinsichtlich des Reisens. Sie können sich auf Pünktlichkeit, Qualität des Services oder Annehmlichkeiten am Flughafen oder an Bord des Flugzeugs beziehen. Es kommt immer wieder vor, daß diese Erwartungen nicht erfüllt werden, sei es wegen Verspätungen oder eines mangelhaften Diensts am Kunden. Diese mögen kaum vorhersehbar sein, sind aber letzten Endes nicht weniger ärgerlich.

Flugreisende reagieren unterschiedlich auf Streß. Einige greifen zu Alkohol, um Langeweile, Angst oder Verärgerung zu bekämpfen, andere werden aggressiv, wenn es um ihr »gutes Recht« zu kämpfen gilt, und neigen zu Unnachgiebigkeit und Feindseligkeit gegenüber dem Bodenpersonal oder den Flugbegleitern. Andere wiederum suchen ihr Heil in der Einnahme von Medikamenten, um ihre Ängste zu dämpfen oder schlafen zu können. Alle diese Behelfsstrategien können jedoch dazu führen, daß sich die Situation verschlimmert und der Streß verstärkt.

Sehr oft geben Reisende zu Recht den Fluggesellschaften die Schuld an einigen der Probleme, denen sie auf ihrer Reise begegnen. Dies mildert jedoch in keiner Weise den Streß, wenn etwas schiefgeht. Ob man es glaubt oder nicht, auch Fluggesellschaften sind fehlbar. Dieses Buch soll Ihnen dabei helfen, sich mit Ihren eigenen streßverursachenden Verhaltensweisen auseinanderzusetzen. Anstatt sich darüber aufzuregen, wie »es eigentlich sein sollte«, werden hier Denkweisen untersucht, die helfen, mit Unannehmlichkeiten fertig zu werden, die auf Reisen auftreten können, und Probleme zu lösen, ohne aus einer Mücke einen Elefanten zu machen.

Jedes Kapitel greift unterschiedliche Problembereiche des Flugreisenden auf, z. B. den Umgang mit eigenen Erwartungen und Vorstellungen vom Reisen, das Zurechtkommen mit Flugangst, Entspannungsmöglichkeiten, die Bewältigung des Jetlags, die Belastung von Beziehungen durch Reisen und was man dagegen tun kann, das Reisen mit Kindern, die besonderen Bedürfnisse älterer Menschen und Auswirkungen von Flugreisen auf das Verhalten der Passagiere. Unser Anliegen ist es, Verständnis für diese Themen zu wecken sowie praktischen Rat und Methoden, mit diesen Problemen und Situationen zurechtzukommen, zu vermitteln.

Flugreisen bieten eine hervorragende Möglichkeit, sich selbst von einer anderen Seite zu sehen: In ungewohnter Umgebung, mit Fremden zusammen überwindet man ein Naturgesetz (die Schwerkraft), blickt aus der luftigen Höhe von 10 000 m hinab auf das alltägliche Leben und nimmt neue Perspektiven wahr. Jeder verspürt dabei Beklemmung ebenso wie Begeisterung. Flugreisen sind nicht bloß eine bequeme und effiziente Form der Fortbewegung; sie sind auch eine Erfahrung, der eine große emotionale Bedeutung zukommen kann. Wir hoffen, daß Sie viele praktische Hinweise und Ratschläge finden werden, wie Sie mit dem Reisestreß zurechtkommen und ihre Gefühle auf Flugreisen verstehen lernen können.

Kapitel 1

Vorurteile und negative Einstellungen gegenüber Flugreisen

In diesem Kapitel werden wir uns mit den Erwartungen von Reisenden und Urlaubern, mit ihren Ansichten, Vorurteilen und Verhaltensweisen befassen, durch die unnötiger Streß und Kummer nicht nur für sie selbst, sondern auch für andere entsteht.

Erinnern Sie sich an Ihre letzte Urlaubsreise oder auch nur an eine kurze Geschäftsreise ins Ausland. An welchem Punkt fingen Sie an, genervt zu reagieren, wurden Sie ärgerlich oder sogar richtig wütend? Vergegenwärtigen Sie sich diese Situation wieder. Welche Gedanken und Vorstellungen gingen Ihnen damals durch den Kopf?

- ⇛ Litten Sie z. B. unter Streß und Furcht und erlebten die Situation als »bedrohend« oder »furchtbar«?
- ⇛ Waren Sie genervt, sagten sich, »das Leben ist ungerecht« oder »alles sollte besser sein, als es im Augenblick der Fall ist«?
- ⇛ Waren Sie verärgert und forderten möglicherweise, daß »das Wetter besser sein« oder »man Sie auf höfliche Weise behandeln« müßte?

Häufig sind es solche Vorstellungen, die bewirken, wie man sich in einer Situation fühlt, und nicht die Situation selbst. Dies erkannten die Philosophen bereits vor zweitausend Jahren, wie beispielsweise Epiktet:

»Die Menschen werden nicht von den Dingen an sich beunruhigt, sondern von den Ansichten, die sie darüber haben.«

Später, im 2. Jahrhundert, stellte auch Mark Aurel in seinen *Meditationen* Betrachtungen zu diesem Thema an:

»Laß ab von dem Glauben, dir sei ›Unrecht getan‹ worden, dann wird dich auch dieses Gefühl verlassen. Verwirf das Empfinden erlittener Unbill, und die Unbill selbst vergeht ... Schlimmes widerfährt dir nicht durch die Gedanken eines anderen, ebensowenig auch durch wechselnde Phasen und Zustände deines körperlichen Befindens. Woher denn dann? Von jenem Teil deines Selbst, das dir sagt, was schlecht sei.«

Was war nun seine Schlußfolgerung zu diesem Problem? Er fährt fort:

»Verwirf diese Wertung, und alles ist gut ... Alles verhält sich lediglich so, wie es von deiner Meinung gemacht wird, und diese Meinung liegt bei dir. Verwirf sie nach Gutdünken, und umgehend ist das Terrain geklärt und alles friedlich: ein stilles Meer, ein ruhiger Hafen.«

Mit anderen Worten gilt es, in Gedanken die Situation neu einzuschätzen, um weniger Streß zu empfinden oder sogar entspannt zu sein – und das ohne Entspannungsübungen oder Meditation. Es mag erstaunlich anmuten, aber bekannt ist dies bereits seit Jahrhunderten. Shakespeare führt in *Hamlet* (II. 2. 259–61) an:

»Nun, so vermag dir dieses nichts; denn nicht Gutes oder Böses ist, es sei, das Denken macht's dazu.«

Ganz allgemeine negative Ansichten und Haltungen können also Streß hervorrufen. Untersuchen wir eine Reihe möglicher Forderungen oder Erwartungen von Reisenden und Urlaubern. Dr. Stephen Palmer vom Zentrum für Streßbewältigung in London hat einen einfachen Fragebogen zu negativen Reiseerwartungen ausgearbeitet, um Reisenden zu helfen, ihre eigenen negativen Ansichten zu analysieren. Kommen Ihnen einige der nachfolgend aufgelisteten bekannt vor? Markieren Sie, wie wichtig die jeweilige Erwartung oder Einstellung für Sie ist, mit »S« für sehr, »M« für mittel und »W« für wenig. Bei Frage 24 führen Sie alle weiteren Auffassungen auf, die Ihnen zusätzlich Streß bereiten.

Belastende Reiseerwartungen

1. Ein glatter Verlauf der Reise	S	M	W
2. Schönes Wetter	S	M	W
3. Gutes Essen	S	M	W
4. Gediegene Unterkunft	S	M	W
5. Faszinierende Umgebung	S	M	W
6. Interessante Menschen	S	M	W
7. Ein gutes Unterhaltungsprogramm	S	M	W
8. Man muß sich amüsieren können	S	M	W
9. Bloß keine Langeweile	S	M	W
10. Bloß keine Probleme	S	M	W
11. Wohlverdiente, ungestörte Ruhe	S	M	W
12. Ein unterhaltsames Abendprogramm	S	M	W

13. Bloß keine Verantwortungen und Anforderungen	S	M	W
14. Man sollte ganz sich selbst sein können	S	M	W
15. Man muß was für sein Geld bekommen	S	M	W
16. Bevorzugte Behandlung	S	M	W
17. Kontrolle über alle Situationen	S	M	W
18. Bloß keine Konflikte unter Freunden/ in der Familie	S	M	W
19. Es wäre furchtbar, wenn etwas nicht klappt	S	M	W
20. Es wäre nicht zu ertragen, wenn etwas nicht klappt	S	M	W
21. Es geht sowieso immer alles schief	S	M	W
22. Ich bin unersetzlich bei meiner Arbeit, daher kann ich mir keinen Urlaub leisten	S	M	W
23. Wenn etwas nicht klappt, dann deshalb, weil die Verantwortlichen dumm sind, nutzlose Idioten oder Nieten	S	M	W

24. Weitere Ansichten:

So erstaunlich es sein mag: Wenn Sie auch nur einer dieser Einstellungen anhängen, werden Sie höchstwahrscheinlich unter Streß leiden, sobald etwas geschieht, das Ihren Erwartungen nicht entspricht. Je wichtiger sie für Sie sind, desto mehr Streß werden Sie unterwegs oder auf einer Urlaubsreise ausgesetzt sein. Wenn Sie bei mehr als zehn Punkten »stark« angekreuzt haben, dann sind es mit allergrößter Wahrscheinlichkeit Sie selbst, der sich Fernreisen zu einem Alptraum macht. Auch wenn einige der Punkte nur »wenig« auf Sie zutreffen, so werden Sie unter starker Belastung dazu neigen, sich gestreßt zu fühlen. Schauen wir uns ein Fallbeispiel an.

Fallbeispiel

Erik sollte vor dem Firmenvorstand in New York eine wichtige Präsentation leiten. Er war bestens darauf vorbereitet und vor seiner Abreise guter Laune. Rechtzeitig traf er auf dem Flughafen in Heathrow ein, doch dort kam es zu einer Verspätung seines Fluges. Während er ungeduldig wurde, murrte er: »Das ist grauenvoll. So etwas dürfte nicht passieren.« Er wälzte diesen Gedanken und befürchtete immer mehr, möglicherweise zu spät anzukommen. »O mein Gott«, dachte er, »das könnte schlecht für mein berufliches Weiterkommen sein.«

Diese negative Zukunftsperspektive streßte ihn in hohem Maß. So ging er zu einem der Informationsschalter der Fluggesellschaft und machte seiner Verärgerung Luft. »Ihre Fluggesellschaft taugt nichts. Das ist das letzte Mal, daß ich mit Ihnen fliege. Bei Ihnen klappt aber auch gar nichts!« Obwohl die Angestellten ihm mitteilten, daß die

Verspätung nicht lange währen würde, war er sehr aufgebracht und konnte sich kaum beruhigen. Um sich zu entspannen, ging er an die Bar und genehmigte sich einen oder zwei Drinks. Leider konnte er danach nicht mehr widerstehen und nahm auch im Flugzeug noch weitere Drinks zu sich. Schließlich war er bei der Ankunft auf dem Kennedy-Flughafen ziemlich angeschlagen und von dem Gedanken an die Präsentation wenig angetan.

In diesem Beispiel sind die negativen Haltungen, die in hohem Maß zu Eriks Streß beigetragen haben, eindeutig zu erkennen. Dazu gehören:

»Das ist grauenvoll.«
»So etwas dürfte nicht passieren.«
»O mein Gott, das könnte schlecht für mein berufliches Weiterkommen sein.«

Diese negativen Gedanken verunsicherten Erik sehr. Anfangs sah er die Dinge schlimmer, als sie waren; wenn Menschen das Schlimmste annehmen, dann übertreiben sie und beschreiben ihre Situation mit Ausdrücken wie ›furchtbar‹, ›grauenhaft‹, ›schrecklich‹, ›widerwärtig‹, ›was für eine Katastrophe‹, ›das ist das Ende der Welt‹, oder sie werden blasphemisch mit ›O Gott‹ oder ›verdammt‹. Dann dachte Erik, so etwas ›darf nicht passieren‹, auch wenn eben dies der Fall war – ein direktes Leugnen der Realität. Um die Dinge noch zu verschlimmern, begann er, negative Folgen für die Zukunft vorauszusagen, als ob er übermenschliche seherische Fähigkeiten besäße:

»Das könnte mein berufliches Weiterkommen behindern.«
»Ihre Fluggesellschaft taugt absolut nichts, das ist das letzte Mal, daß ich mit Ihnen fliege.«
»Bei Ihnen klappt aber auch gar nichts.«

Wenn Menschen anfangen, andere irgendwie abzustempeln, verallgemeinern sie oft sehr stark, und anstatt lediglich einen Fehler oder Nachteil zu registrieren, verunglimpfen sie die ganze Person, Organisation oder Sache mit übertriebenen Ausdrücken wie ›völlig nutzlos‹, ›schlimm‹, ›ein Fehlschlag‹ oder ›wertlos‹, welche natürlich selten wirklich zutreffen.

Im vorliegenden Fall führten Eriks Wertungen unweigerlich zu einer Überreaktion mit dem Entschluß, nie wieder mit dieser Gesellschaft zu fliegen, und zu dem vernichtenden Urteil, dort würde ›niemals‹ etwas funktionieren. Solche extremen Denkmuster sind selten hilfreich bei der Bewältigung schwieriger Situationen. Mittlerweile hatte er sich dermaßen in seine Erregung gesteigert, daß er einige Drinks benötigte, um sich vor und während des Fluges zu beruhigen. Sein Ziel, eine gute Präsentation zu liefern, hatte er vergessen, und bei der Ankunft in New York stand es um so schlimmer für ihn.

Viele Reisende regen sich in ähnlichen Situationen überhaupt nicht auf und nutzen die zusätzliche Zeit dazu, ihre Präsentationen oder Konferenzunterlagen noch einmal durchzugehen. Wir werden später erneut auf dieses Fallbeispiel zurückkommen und überlegen, was Erik anders hätte machen können.

Ein weiteres Fallbeispiel soll die Belastungen aufzeigen, die aus den Erwartungen entstehen, wie sie manche Urlaubsreisende hegen.

Fallbeispiel

Jayne und Sean hatten sich zu einem einwöchigen Erholungsurlaub in China entschlossen. Einige Monate lang waren sie mit ihrer jeweiligen Arbeit sehr beschäftigt gewesen, und das hatte sich langsam auf ihre Partnerschaft ausgewirkt. Beide meinten, es wäre an der Zeit, ›einander neu kennenzulernen‹.

Die Reise nach Peking verlief einigermaßen glatt, doch nach der Ankunft veränderten sich die Dinge zum Schlechteren. Jayne ging zur Toilette. Als sie zurükkehrte, waren die anderen Passagiere verschwunden. Sean und sie wußten nicht, wohin sie gehen sollten, und die Verständigung mit dem Flughafenpersonal erwies sich als ziemlich schwierig.

Sean begann sich zu ärgern und sagte Jayne, was er von den Angestellten hielt: »Verdammte Idioten! Die sollten Leute einstellen, die Englisch können.« Er war außerdem ziemlich müde, weil er während des Fluges kein Auge zugetan hatte. – »Ach, laß doch, Sean. Mach bitte keine Szene. Regen wir uns ab und machen das Beste daraus«, war Jaynes Entgegnung. Sean fühlte sich angegriffen und erwiderte in ärgerlichem Ton: »Mach mir keine Vorhaltungen. Die sollten hier darauf vorbereitet sein, Touristen zu helfen.« Unglücklicherweise nahm Jayne diese Bemerkung persönlich und begann zu weinen. Damit stand der Urlaubsbeginn unter einem schlechten Stern, und alles verlief nicht so gut, ›wie es eigentlich hätte sein sollen‹. Für Jayne war dies nur ein weiterer Beweis für ihr ›Versagen‹. Die Beziehung scheiterte schließlich.

Abermals lassen sich hier die negativen Einstellungen erkennen, die zu einer Verschlimmerung der Situation geführt haben. Dies sind:

»Verdammte Idioten!«
»Die sollten Leute einstellen, die Englisch können.«

Sean wurde wütend, als er die Angestellten als ›verdammte Idioten‹ bezeichnete. In Wahrheit sprachen sie Englisch, aber nicht so fließend, wie er es erwartet hatte. Jaynes verzweifelter Wunsch, daß sie das Beste aus der Situation machen sollten, hatte auf Sean die gleiche Wirkung wie ein rotes Tuch auf einen Bullen. Er beschuldigte sie, ihm Vorhaltungen zu machen. Sie ihrerseits regte sich auf, als sie merkte, daß der Urlaub nicht so gut lief, ›wie es hätte sein sollen‹. Daraufhin empfand sie sich als ›Versagerin‹, was so ziemlich das beste Mittel ist, um niedergeschlagen und den Tränen nahe zu sein.

Der Umgang mit negativen Einstellungen und Ansichten vom Reisen

Was verstehen Psychologen unter ›hinderlichen‹ oder ›negativen‹ Ansichten und Einstellungen? Derartigen Ansichten ist vieles gemeinsam. Sie

- ⇛ sind zumeist unlogisch, betont dogmatisch und fordernd (man muß/müßte, sollte/soll usw.);
- ⇛ stimmen erfahrungsgemäß nicht mit der Realität überein (mit anderen Worten: Sie leugnen Wirklichkeit und Tatsachen);
- ⇛ behindern Geschäftsreisende und Urlauber beim Erreichen ihrer Vorhaben, verursachen Probleme, sind unkonstruktiv und stören bei der Bewältigung von Aufgaben.

Das führt uns zu der nächsten Frage: Was sind hilfreiche oder realistische Ansichten und Einstellungen? Diese sind normalerweise

- ⇛ logisch, gänzlich undespotisch und eher wunschorientiert (d.h., man wünscht, erhofft, begehrt, bevorzugt etwas);
- ⇛ stimmen erfahrungsgemäß mit der Realität überein, d.h., sie gründen sich auf Tatsachen;
- ⇛ sind pragmatisch, dienen der Lösung von Problemen, sind konstruktiv und auf Erreichen eines Ziels und Bewältigung einer Aufgabe ausgerichtet.

Zurück zu unserem Fragebogen. Falls Sie ihn noch nicht ausgefüllt haben, so opfern Sie bitte ein paar Minuten, um dies nachzuholen. Es mag hilfreich sein, sich an das letzte Mal zu erinnern, als Sie auf einer Reise oder im Urlaub mit Problemen konfrontiert waren. Das hilft Ihnen vielleicht, sich die eine oder andere Haltung abermals zu vergegenwärtigen. Wahrscheinlich werden Sie sich dann sogar an weitere hinderliche Ansichten und

Einstellungen erinnern, die Sie unter Punkt 24 am Ende des Fragebogens eintragen können.

Suchen Sie sich nun eine der negativen Haltungen heraus, die Sie bei bestimmten Vorfällen unter Druck zu setzen scheinen. Wir werden gleich darauf zurückkommen, sobald wir Ihnen gezeigt haben, wie Sie mit diesen Ansichten umgehen können.

Dazu werfen wir noch einmal einen Blick auf die streßerzeugenden Gedanken von Erik. Am besten geht man diese Ansichten einzeln an. Es gibt dabei eine ganze Reihe von Fragen, die man sich dazu stellen kann:

a) Negative Ansicht:
»Das ist grauenvoll.«

Frage: Ist diese Ansicht logisch? Selbst wenn die Situation schlimm sein mag, läßt sich davon logischerweise ableiten, sie sei »grauenvoll«? (Eine logische Frage.)

Antwort: Höchstwahrscheinlich nicht.

Frage: Stimmt diese Ansicht erfahrungsgemäß mit der Wirklichkeit überein? Mit anderen Worten: Ist sie realistisch? (Eine empirische Frage.)

Antwort: Es ist klar, daß in dieser Situation Unannehmlichkeiten zu verzeichnen sind, aber es ist sicher nichts Grauenvolles. Allem Anschein nach wird hier aus einer Mücke ein Elefant gemacht.

Frage: Wohin führt das Festhalten an dieser Ansicht? (Eine pragmatische Frage.)

Antwort: Es entsteht die starke Befürchtung, zu spät zu

kommen. Klares Denken ist nicht mehr möglich, ein Gefühl innerer Spannung und Blockiertseins entwickelt sich. Das Verlangen nach einem alkoholischen Getränk kann aufkommen, mit dem ein Gefühl des Wohlbefindens herbeigeführt werden soll. In dieser Verfassung liegt kein Bestreben nach Aufgabenbewältigung vor, sie dient ganz gewiß nicht der Problemlösung.

b) Negative Ansicht: »So etwas dürfte nicht passieren.«

Frage: Ist es logisch, anzunehmen, Dinge dürften sich nicht ereignen, nur weil man nicht wünscht, daß sie geschehen?

Antwort: Das wäre wohl nicht logisch.

Frage: Ist diese Ansicht realistisch? Was gibt es für ein Universalgesetz, wonach etwas »nicht geschehen darf«?

Antwort: Auch wenn man sich sagt: »Das darf nicht geschehen«, geschieht es in Wirklichkeit eben doch. Also handelt es sich um ein Leugnen der Realität. Wenn überhaupt, dann sollte es heißen: »Es muß so kommen, wie es kommt.« Daß der Wunsch besteht, es möge nicht so sein, ist dabei eindeutig. Das ist realistisch.

Frage: Wohin führt das Festhalten an dieser Ansicht?

Antwort: Befürchtungen kommen auf, innere Spannungen und Aufregung. Dazu stellt sich Verärgerung ein.

c) Negative Ansicht:
»Ihre Fluggesellschaft taugt überhaupt nichts.«

Frage: Ist es logisch, anzunehmen, eine Fluggesellschaft »taugt nichts«, wenn es einmal zu einer Verspätung kommt?

Antwort: Nein. Es mag einiges an ihr auszusetzen sein, aber das besagt nicht, sie »tauge nichts«. Wie vieler Patzer bedarf es schon, damit etwas überhaupt nichts mehr taugt? Wahrscheinlich unzähliger. Auf jeden Fall sind sowohl die Passagiere wie auch das Personal der Airline von diesen Verspätungen betroffen. Oft hat sie keinen Einfluß auf die Ursachen (wie z. B. Wetterlage, technische Probleme), und niemand hätte ein Interesse daran, die Sicherheit aufs Spiel zu setzen.

Frage: Was ist der Beweis für die »Untauglichkeit« einer Fluggesellschaft?

Antwort: Sie mag sich zeitweise als »untauglich« erweisen, aber das beweist nicht ihre völlige Untauglichkeit. Wäre das der Fall, dann würde sie sich nicht besonders lange im Geschäft halten können. Tatsächlich würden ihre Flugzeuge kaum jemals abheben, und wenn doch, dann würden sie wahrscheinlich abstürzen.

Frage: Wohin bringt mich das Festhalten an meiner Überzeugung?

Antwort: Nirgendwohin. Nein, das stimmt nicht ganz. Irgendwohin bringt es einen schon. Man wird sehr ärgerlich, regt nicht nur sich selbst auf, sondern bereitet unnötigerweise auch den

Angestellten, die nichts an den Unannehmlichkeiten ändern können, Schwierigkeiten. Man gerät dermaßen in Wut, daß man vor lauter Anspannung einen oder zwei (oder sogar mehrere) Drinks braucht, um sich zu beruhigen. Anstatt die gewonnene Zeit dafür zu nutzen, sich auf die kommenden Aufgaben vorzubereiten, ärgert man sich über die Angestellten und die Fluggesellschaft. Nach fünf Drinks ist man dann nicht mehr recht in der Lage zu arbeiten und bei der Ankunft aufgebracht, körperlich und geistig erschöpft und müde. Das macht ganz und gar keinen professionellen Eindruck. Man selbst ist dann derjenige, der »untauglich« zu sein scheint, und nicht die Fluggesellschaft. Man erweist sich dadurch wirklich nicht als ziel- und problemorientiert und ist nicht in der Verfassung, Probleme zu lösen.

Wir haben nun eine Reihe von logischen, empirischen und pragmatischen Fragen angesprochen, mit denen Eric seine unkonstruktive Einstellung hätte in den Griff bekommen können. Vielleicht können Sie weitere anführen. Wenn ja, dann notieren Sie sich diese bitte.

Welche Überlegungen hätte Eric anstellen sollen, um sich zielgerichtet zu verhalten und sich nicht derart aufzuregen? Anstatt des »Das ist furchtbar. Das dürfte einfach nicht passieren. Ihre Fluggesellschaft taugt überhaupt nichts« wäre es ziel- und problemgerechter, sich zu sagen:

»Diese Situation ist ein Ärgernis, aber sicher nichts Furchtbares. Die Verspätung ist mir ganz gewiß nicht lieb, aber leider existiert sie nun einmal. Ich komme damit zurecht. Vielleicht hat die Fluggesellschaft ihre Schwächen, das beweist jedoch keineswegs ihre Untauglichkeit. Ich werde das Büro über die Verspätung in Kenntnis setzen und die übrige Zeit dafür nutzen, mir noch einmal meine Notizen für die Präsentation durchzusehen.«

Beachten Sie, wie jede der hinderlichen Ansichten einzeln aufgegriffen wurde. Wenn Eric die neuen Ansichten zur Selbsthilfe übernehmen würde, anstatt verunsichert und wütend zu sein, dann wäre er sehr wahrscheinlich nur leicht besorgt und verstimmt – Gefühlsregungen, die sich als konstruktiv erweisen und ihm helfen könnten, die Situation unter Kontrolle zu behalten.

Überlegen Sie nun, wie Sie Ihre eignen unsinnigen Ansichten und Verhaltensweisen, die Sie anhand des Fragebogens herausgefunden haben, in den Griff bekommen können. Es wäre gut, wenn sie sich selbst Fragen stellten und dann ein oder zwei Minuten darüber nachdächten, was die Ansichten bewirken. Manchmal ist es hilfreich, diese Überlegungen mit einer befreundeten Person zu besprechen, die nicht unter Reisestreß leidet. Diese Vorgehensweise wird Ihnen helfen, sich über Ihre streßerzeugenden Ansichten klarzu - werden. Die nachfolgende Liste mit Fragen, die von den Psychologen Palmer und Strickland zusammengestellt wurde, kann Ihnen dabei von Nutzen sein.

Hilfreiche Fragen zur Überwindung von negativen Reiseeinstellungen:

⇛ Ist es logisch?
⇛ Wo ist der Beweis für die Richtigkeit meiner Ansicht?
⇛ Wo steht sie geschrieben (außer in meinen Gedanken)?
⇛ Ist meine Ansicht realistisch?
⇛ Würden meine Freunde und Kollegen sie teilen?
⇛ Würde sich jeder so verhalten wie ich? Wenn nicht, warum nicht?
⇛ Erwarte ich von mir oder anderen fehlbaren menschlichen Wesen, perfekt zu sein?
⇛ Was macht die Situation so grauenhaft, schlimm oder schrecklich?
⇛ Mache ich aus einer Mücke einen Elefanten?
⇛ Wird das alles in einem, drei, sechs oder zwölf Monaten immer noch als schlimm erscheinen?
⇛ Wird es in zwei Jahren noch wichtig sein?
⇛ Ist das wirklich so tragisch wie ein schwerer Unfall oder ein persönlicher Verlust?
⇛ Übertreibe ich die Wichtigkeit dieses Problems?
⇛ Male ich wieder einmal den Teufel an die Wand, obwohl es wenig wahrscheinlich ist, daß sich das Allerschlimmste tatsächlich ereignen wird?
⇛ Was passiert denn, wenn ich es wirklich »nicht aushalten« oder »nicht ertragen« kann?
⇛ Werde ich wirklich zugrunde gehen, wenn ich es nicht ertragen kann?
⇛ Konzentriere ich mich nicht zu sehr auf meine

Schwächen (und auf die anderer) und vernachlässige dabei meine Stärken (oder die anderer)?

- ⇛ Quäle ich mich mit Vorstellungen, wie die Dinge sein sollten, anstatt mich mit ihnen zu befassen, so wie sie sind?
- ⇛ Wohin bringt mich diese Ansicht oder Einstellung?
- ⇛ Hilft mir meine Ansicht beim Erreichen meiner Vorhaben?
- ⇛ Ist meine Ansicht zielorientiert und problemlösend?
- ⇛ Sähe ich alles genauso kritisch, wenn ein Freund einen ähnlichen Fehler beginge?
- ⇛ Sehe ich das alles nicht zu schwarzweiß? Gibt es keinen Mittelweg?
- ⇛ Stemple ich mich, jemand anderen oder etwas ab? Wäre das logisch oder gerecht?
- ⇛ Bedeutet es, die jeweilige Person ist dumm, untauglich oder unverbesserlich?
- ⇛ Stelle ich mir oder anderen Forderungen und Bedingungen? Wenn ja, inwiefern ist das hilfreich und konstruktiv?

Wenn Sie bemerken, daß Sie anfangen, gestreßt zu sein, ist es an der Zeit, etwas Abstand zu gewinnen und die eigenen negativen Ansichten zu überprüfen. Dabei ist es wichtig, sich auf die Ansicht oder Einstellung zu konzentrieren, die anscheinend dazu beiträgt, eine ohnehin schwierige Situation noch zu verschlimmern.

Indem man die Fragen vorsichtig in ein Gespräch einfließen läßt, können sie auch dazu dienen, die Haltung anderer behutsam in Frage zu stellen. Beginnen beispielsweise Freunde, Kollegen oder Familienangehörige, sich gestreßt zu fühlen, wenn es um häufiges Reisen geht, und stellen alles schlimmer dar oder äußern vorgefaßte Meinungen über andere, dann können Sie sie fragen, ob die Situation wirklich so schrecklich oder nur ein Ärgernis ist oder ob die anderen wirklich nichts taugen, anstatt bloß einen unerfreulichen Irrtum begangen zu haben. Diese Vorgehensweise bei unkonstruktiven Ansichten wurde von dem Psychologen Dr. Albert Ellis entwickelt.

In diesem Kapitel haben wir untersucht, wie negative Ansichten und Verhaltensweisen zu unserem Streßempfinden in schwierigen Situationen beitragen können. Sie warten nur darauf, von Äußerlichkeiten aktiviert zu werden. Wenn sich Reisende und Urlauber vor Beginn der Reise darüber im klaren sind, dann können sie noch vor ihrem Aufbruch diese hinderlichen Ansichten in den Griff bekommen und mildern; in Kapitel 4 werden weitere Techniken vorgestellt, mit denen sich negative Ansichten und Verhaltensweisen hinterfragen lassen.

Kapitel 2

Befürchtungen, Ängste und Phobien bei Flugreisen

Untersuchungen haben ergeben, daß 9–33% aller Menschen Angst vor dem Fliegen haben. Jedoch sterben nur 0,00001% tatsächlich bei einem Flugzeugunglück (für die Nichtmathematiker: Das ist ein extrem winziger Prozentsatz). Ob Sie es glauben oder nicht: Die Gefahr, vom Blitz erschlagen zu werden, ist größer (0,00002% der Bevölkerung pro Jahr). Sehr viel wahrscheinlicher sind Unfälle daheim oder beim Überqueren einer Straße. Angesichts dieser statistischen Zahlen stellt sich die Frage, weshalb so viele Menschen Ängste und Phobien in bezug auf das Fliegen haben. Dieses Kapitel soll dazu beitragen, diese Befürchtungen und Ängste zu verstehen.

Was ist Angst? Was ist eine Phobie?

Rufen Sie sich das letzte Mal, als Sie sich vor jemandem oder etwas gefürchtet haben, in Erinnerung. Möglicherweise verspüren Sie Beklemmung bei dem Gedanken, von zu Hause verreisen oder fliegen zu müssen. Reagieren Sie dann mit einigen der folgenden Symptome?

Psychologische Auswirkung: unser Denken und Fühlen

- ⇛ Abneigung
- ⇛ Nervosität
- ⇛ Unruhe
- ⇛ steigende Besorgnis
- ⇛ Konzentrationsstörungen
- ⇛ unerfreuliche Gedanken und Gedankenbilder
- ⇛ Abscheu, Furcht
- ⇛ Entsetzen
- ⇛ Hilflosigkeit
- ⇛ sich überstürzende Gedanken
- ⇛ unzusammenhängendes Sprechen

Physiologische Auswirkungen: Körperreaktionen

- ⇛ Atemlosigkeit
- ⇛ Herzklopfen
- ⇛ unregelmäßiger Herzschlag
- ⇛ Durchfall
- ⇛ Erbrechen
- ⇛ Schweißausbrüche
- ⇛ Gänsehaut, Haarsträuben, Hellhörigkeit
- ⇛ Trockenheit im Mund
- ⇛ Gefühl von Taubheit oder Kribbeln in den Händen oder anderen Extremitäten
- ⇛ Atembeschleunigung
- ⇛ verstärkter Herzschlag
- ⇛ verschwommene Sicht
- ⇛ Übelkeit, »Schmetterlinge im Bauch«
- ⇛ Beklommenheit in der Brust
- ⇛ Gefühl nahender Ohnmacht
- ⇛ zugeschnürte Kehle
- ⇛ Muskelzittern, Schwäche in den Beinen
- ⇛ Blässe

Auswirkungen auf das Verhalten

⇛ Ausweichen
⇛ verkrampfte Fäuste
⇛ ständiges Überprüfen von Reiseunterlagen oder Gepäck
⇛ Wippen mit der Fußspitze
⇛ Verlangen, Ausgänge zu öffnen
⇛ Zwangsverhalten
⇛ Kauen an Nägeln oder Haarsträhnen
⇛ Unruhe

Dies sind einige der üblichen Symptome bei Reise- oder Flugangst. Tatsächlich sind Angst und Furcht sich ähnlich. Als Furcht gilt die normale Reaktion auf eine reelle Bedrohung, während Angst sich eher auf unbestimmte Situationen bezieht. So würden z. B. die meisten Menschen sehr große Furcht empfinden, wenn ein Elefant auf sie zustürzt, jedoch nur ein bißchen ängstlich oder beunruhigt bei der Aussicht sein, in drei Monaten eine Hochzeitsrede halten zu müssen. Einige Leute suchen und genießen bewußt Situationen, die Ängste provozieren, wie Fallschirmspringen, Freiklettern oder Extrem-Abseilen. Sie lieben Gefühle und Erregung, die durch diese Tätigkeiten ausgelöst werden. In bedrohlichen Situationen können Angst und Furcht zum Überleben beitragen, indem sie die Person zur Aktion anspornen.

Wenn jedoch Menschen beginnen, vor bestimmten Situationen oder Dingen starke Furcht zu empfinden, die in Wahrheit keine Bedrohung darstellen, dann kann es sich dabei um eine Phobie handeln. So würde man es beispielsweise als irrational ansehen, wenn sich jemand in Großbritannien vor Spinnen fürchtet, da hier keine gefährlichen Exemplare frei herumlaufen, sondern zumeist nur in Zoos oder Forschungseinrichtungen zu finden sind.

Normalerweise suchen Menschen ihrer Phobien wegen professionelle Hilfe bei Ärzten oder Psychologen, wenn sie sich ihrem Problem stellen müssen oder sie deswegen ihren Aufgaben nicht gerecht werden können. Flug- und Reisephobien kommen häufig vor und können sich in sozialer Hinsicht oder für die Arbeit als nachteilig erweisen. Menschen mit einer Phobie fragen ihren Arzt oder Psychologen oft: »Werde ich verrückt? Können meine Kinder das erben? Bin ich noch normal?« Phobien machen nicht verrückt, auch wenn sie sehr frustrierend sein können. Und falls Kinder oder andere Familienmitglieder ähnliche Probleme bekommen, so lassen sich diese auf die gleiche Weise behandeln, wie sie im Verlauf dieses Kapitels beschrieben wird. Menschen, die unter Phobien leiden, sind insofern »normal«, als viele Millionen auf der ganzen Welt unter ähnlichen Problemen leiden und sich, abgesehen von ihrer immensen Angst vor einer bestimmten Situation, einem bestimmten Gegenstand oder Tier, nicht von der großen Mehrheit aller übrigen Menschen unterscheiden.

Charakteristika von Ängsten und Phobien

Phobien sind irrational; sie können normalerweise nicht erklärt oder wegdiskutiert werden und stehen meist in keinem Verhältnis zu der befürchteten Situation. Phobien können jedes Maß übersteigen und unser Leben zerstören. Sie führen zu Ausweichtendenzen. Sie können zur Last werden und immer dann auftreten, wenn wir sie am wenigsten brauchen können. Manchmal verbindet sich die Angst mit Scham. Wir befürchten, daß unsere Reaktion peinlich ist und sich für uns beschämend auswirkt.

Als wichtiger Punkt muß betont werden, daß Ängste relativ sind. Wenn sich jeder vor dem Fliegen fürchten würde, gäbe es keine Piloten, keine Flugbegleiter oder Passagiere. Offensichtlich sehen und erleben die, welche recht gut mit dem Fliegen zurechtkommen, die Dinge anders als jene, die unter Flugangst leiden. Das wirft zwei miteinander verbundene Fragen auf: Wodurch wird Flugangst verursacht, und weshalb ist nicht jeder auf gleiche Weise davon betroffen? Es gibt ganz unterschiedliche Gründe für die Angst vor dem Fliegen:

1. Unkenntnis: Die betroffenen Personen sind überzeugt, daß das Flugzeug abstürzt und sie umkommen, wenn sie fliegen. Sie sehen ein Flugzeug und reden sich ein, daß es bei seinem Gewicht und seiner Bauweise unmöglich von der Luft getragen oder »emporgehoben« werden kann. Jede Flugerfahrung versetzt sie in Angst und Schrecken. Bleibt ihnen keine andere Wahl, als zu fliegen, dann stehen sie noch vor ihrer Reise beträchtliche Angst aus (bekannt als antizipatorische Angst), leiden bei jedem ungewohnten Geräusch in der Flugzeugkabine oder Flugmanöver, suchen in den Gesichtern der Flugbegleiter nach Hinweisen auf eine bevorstehende Katastrophe und verlassen während des Fluges nur selten ihren

Sitzplatz. Meistens bestehen bei diesen Menschen erhebliche Wissenslücken darüber, wie Flugzeuge fliegen, oder eine falsche Vorstellung von Flugzeugen und dem Fliegen.

2. Frühere Erfahrungen mit Verspätungen, Turbulenzen, Übelkeit, abgebrochenen Starts oder verzögerten Landungen können Ängste hervorrufen, die sich verstärken, wenn diese Menschen wieder fliegen müssen – und das, obwohl sie doch die unerfreulichen Erfahrungen unbeschadet überstanden haben. Sie befürchten, daß sich diese wiederholen oder noch Schlimmeres geschehen werde. Unter Umständen können auch frühere traumatische Erfahrungen einer Flugangst zugrunde liegen.
3. Ein Gefühl der eigenen Ohnmacht: Flugreisen verlangen Vertrauen in die Erfahrung anderer. So gut wie jeder Aspekt unterstreicht das aufs neue: Passagiere stehen Schlange, warten, checken ein, geben das Gepäck aus den Händen, müssen sich mit eventuellen Verpätungen abfinden, sich sagen lassen, wo man sitzen soll, wann man seinen Sitz verlassen darf und so weiter. Das Gefühl, in einer Situation selbst nur wenig kontrollieren zu können, kann Empfindungen der Angst verstärken. Menschen mit einer Neigung zu Panikattacken befürchten außerdem, die Kontrolle über ihren Körper zu verlieren. Manche würde einen Absturz dieser extrem unangenehmen Folge einer Panikattacke vorziehen.
4. Klaustrophobie ist die Angst, in einem engen, geschlossenen Raum gefangen zu sein, und Flugzeugkabinen scheinen diese Angst bei einigen Menschen

auszulösen. Sie wird noch verstärkt durch das Gefühl, nicht entkommen zu können. Befänden sich die Menschen in einem Bus, könnten sie immerhin an der nächsten Haltestelle aussteigen. Ihre Angst nimmt zu, wenn ihnen bewußt wird, daß sie den Piloten nicht einfach bitten können, »rechts ran zu fahren«, um sie aussteigen zu lassen.

5. Akrophobie oder Höhenangst kann sich auch in Flugangst ausdrücken. Hier werden die Menschen in Angst und Schrecken versetzt durch die Vorstellung von vielen tausend Metern »leeren Raumes« zwischen Flugzeug und Erdboden sowie davon, daß Turbulenzen oder anderes zu einem Desaster führen können. Bemerkenswerterweise fürchten sich einige der davon betroffenen Personen auch davor, ihren Platz während des Fluges zu verlassen, weil sie das Gefühl haben, der Kabinenboden könnte durchbrechen.
6. Neigung zu negativem Denken: Kürzlich erlebte Erfahrungen wie Todesfälle, Eheschließung, Verlust der Arbeit oder auch eine Beförderung vermögen die menschlichen Emotionen in Aufruhr zu bringen. Mit Streßpotential belastete Situationen wie Flugreisen können Ängste auslösen und dadurch als Gefühlsventil fungieren. Dies wiederum kann noch stärkere Empfindungen hervorrufen, die dann mitunter zu negativer Haltung führen, wenn Widrigkeiten auftreten. Diese Menschen erkennen den Zusammenhang zwischen dem Streßerlebnis und ihren Ängsten vielleicht nicht und fragen sich statt dessen: »Warum muß dies passieren?« oder »Werde ich etwa ver-

rückt? Das ist doch noch nie passiert.« Derartige Gedanken verstärken die Sorgen dieser Personen, weil dadurch ihre Selbsteinschätzung, normalerweise gut mit Streßsituationen zurechtzukommen, erschüttert wird.

Liegen keine besonderen Ereignisse als Auslösefaktoren vor, können die Ängste auch auf andere unbewußte Gründe zurückzuführen sein (wie z. B. Depressionen). Bei einer streßanfälligen Persönlichkeit kann die Furcht ihren Grund in geringem Selbstwertgefühl, niedriger Risikobereitschaft, in Perfektionismus oder der Vorstellung von Katastrophen haben.

7. Erbliche Vorbelastung. Es besteht ein erhöhtes Risiko, unter Ängsten, Befürchtungen oder Panikattacken zu leiden, wenn auch andere Familienmitglieder dazu neigen. Das kann einen genetischen Zusammenhang haben oder auf anerlerntes Verhalten zurückzuführen sein, wobei ein Mensch durch sein soziales Umfeld auf ein bestimmtes Verhalten oder eine Streßreaktion geprägt wird.
8. Eindrücke aus der Kindheit vermögen ebenfalls eine Reihe von Ängsten hervorzurufen, zu denen auch Flugangst gehören kann. Wenn Eltern ein übermäßig protektives oder kontrollierendes Verhalten an den Tag legen oder zu hohe Anforderungen stellen, so können deswegen Selbstzweifel und Ängste entstehen, aus denen sich später eventuell auch Flugangst entwickelt.

Diese Aufzählung ist keineswegs vollständig, und Psychologen sind sich bewußt, daß die Angst vor dem Fliegen auch aus einer Kombination von mehreren dieser Gründe bestehen kann.

Ein Symptom für Angst ist das Ausweichen. Dieser Verteidigungsmechanismus ist mitunter hilfreich, löst jedoch das Problem nicht. Ängste lassen sich nicht völlig abstellen, aber man kann durchaus lernen, sie zu verstehen und mit ihnen umzugehen. Die Einnahme von Drogen oder Alkohol zur Verdrängung von Problemen macht das Ganze jedoch wegen all der (Neben-)Wirkungen solcher Stimulantien nur schlimmer. Außerdem kann sich die Angst vor dem Fliegen verstärken, wenn man darüber liest, weil dadurch kurzfristig die unguten Gefühle intensiviert werden. Diese Emotionen zur Motivation einzusetzen, sich seinen Ängsten zu stellen, ist sicherlich eine gute Idee.

Auslöser für die Angst vor dem Fliegen

Flugangst an sich reicht normalerweise nicht aus, um unangenehme Gefühle zu erwecken. Es bedarf eines Auslösers oder eines stimulierenden Faktors, die von einer oder mehreren Quellen herrühren mögen. Zu den von unseren Klienten vorgebrachten Auslösern gehören:

⇛ die Buchung eines Urlaubs oder Fluges;
⇛ das Packen;
⇛ die Vorstellung, sich an Bord eines Flugzeugs zu befinden;

- ⇛ der Gedanke an einen kürzlich erfolgten Vorfall;
- ⇛ emotionale Erregung nach einer Trennung (Abschied von einem geliebten Menschen);
- ⇛ physische Empfindungen in einem Flugzeug (Schräglage bei Richtungswechsel oder Beschleunigungskräfte);
- ⇛ Geräusche in der Flugzeugkabine (Motoren, Wind);
- ⇛ Gerüche in der Flugzeugkabine (Kerosin, Essen);
- ⇛ Anblicke (ungewohnte, wie die Demonstration von Sicherheitsmaßnahmen durch die Flugbegleitung);
- ⇛ das Gefühl, von der Kommunikation ausgeschlossen zu sein (die Crew unterhält sich miteinander, oder die Flugkontrolle spricht mit dem Piloten, ohne daß irgendwelche Informationen an die Passagiere weitergegeben werden).

Bestimmte Situationen oder Vorkommnisse können noch bedrohlicher erscheinen, wenn man versucht, sie zu deuten. Es ist jedoch ein normales menschliches Verhalten, eine Situation verstehen und sie sich erklären zu wollen. Handelt es sich bei dem Deutungsversuch um etwas, das Anlaß zur Furcht gibt oder Angst hervorruft, kann dies zu einer falschen Auslegung der Situation führen.

Dies führt wiederum zu besonderen Empfindungen und Verhaltensweisen, die üblicherweise durch negatives Denken oder Vorstellungen von Katastrophen gekennzeichnet sind. Nehmen wir zum Beispiel einen Passagier, der bemerkt, wie die Tragflächen des Flugzeugs bei einer Turbulenz federnd schwingen. Er könnte befürchten, sie würden abbrechen. Deshalb hält er die

Augen während solcher Turbulenzen geschlossen und weigert sich, hinauszuschauen. Die Befürchtung an sich ist nicht völlig abwegig, jedoch basiert sie auf unvollkommenem Wissen oder falschen Informationen. Als neue Wissensgrundlage kann man sich vor Augen halten, daß Tragflächen so konstruiert sind, daß sie schwingen, wenn sie unterschiedlich wechselndem Luftwiderstand ausgesetzt sind (täten sie es nicht, wäre es ein sehr holpriger Flug). Eine andere Reaktion wäre dann, sich zu entspannen und aus dem Fenster zu schauen oder in aller Ruhe ein Buch zu lesen.

Geschehen	Fälschliche Interpretation
Rumpelndes Geräusch unter dem Rumpf des Flugzeugs	Die Räder sind abgefallen
Wendemanöver während des Fluges	Ausweichen vor einer drohenden Kollision; wir überschlagen uns
Verminderung der Geschwindigkeit	Die Motoren versagen
Gongzeichen über Lautsprecher	Die Crew wird wegen einer Notsituation zusammengerufen
Turbulenzen	Das Flugzeug bricht auseinander
Schäbige Innenausstattung der Kabine	Lausige Wartung; das Flugzeug ist sicher nicht flugtauglich

Selbsthilfe: Ursachenforschung

Wenn sich jemand vor dem Fliegen fürchtet oder eine regelrechte Phobie hat, ist es immer ratsam, herauszufinden, wovor genau man sich fürchtet. Psychologen bezeichnen dieses Vorgehen als »Ursachenforschung«. Große Flugangst sagt uns zum Beispiel gar nichts darüber, ob man sich nun vor dem Abheben oder Landen, vor der Enge der Sitzplätze, der Höhe fürchtet oder davor, durch den Fußboden durchzubrechen, verrückt zu werden oder die Kontrolle über sich zu verlieren. Es ist wichtig, auszumachen, wo genau das Problem liegt, weil davon das weitere Vorgehen zur Überwindung von Ängsten und Phobien abhängt. Fragebögen können dabei helfen und zudem aufzeigen, wie groß die eigenen Ängste im Vergleich zu denen anderer sind.

Erhebung zum Thema Flugangst

Die hier folgende Erhebung zum Thema Flugangst wurde ursprünglich 1975 in einer Dissertation von S. J. Solberg veröffentlicht. Seitdem gelangt sie im Psychologischen Institut für Flugreisen in Boston, USA, zur Anwendung; wir sind dem Institutsleiter Dr. Forgione sehr verbunden, der uns die Genehmigung gab, die Studie in dieses Buch aufzunehmen.

Zu jedem Punkt in der Erhebung kann man den geschätzten Grad seiner Angst oder Beunruhigung nach folgender Skala angeben:

0 = überhaupt nicht
1 = ein bißchen
2 = deutlich spürbar
3 = stark
4 = sehr stark

Also würden Sie beispielsweise die Note 2 beim 1. Punkt angeben, wenn Sie sich bei Erhalt Ihrer Reiseunterlagen »deutlich spürbar« beunruhigt fühlen. Wenn Sie bei dieser Untersuchung beginnen, starke Angstgefühle zu verspüren, raten wir Ihnen, eine kurze Pause einzulegen, insbesondere, wenn Ihnen die Gradeinschätzung schwerfällt. (Wenn Sie zu Panikattacken neigen oder ein Herzproblem haben, raten wir Ihnen, diese Übung unter ärztlicher Aufsicht durchzuführen.)

Beginnen Sie nun, bei den nachfolgenden Punkten Ihre Ängste oder Beunruhigung anhand der obenstehenden Skala anzugeben.

Situation	Wert
1. Sie haben sich zu einer Flugreise entschlossen und beginnen zu Hause ihre Reise und die Reservierungen zu planen.	
2. Sie erhalten Ihre Reiseunterlagen mit der Post, öffnen den Umschlag und überprüfen die Tickets.	
3. Heute geht Ihr Flug, und Sie sind dabei, zu packen und sich bereit zu machen.	
4. Sie verlassen Ihr Zuhause und fahren zum Flughafen.	

Situation	Wert
5. Sie kommen am Flughafen an, gehen zum Schalter Ihrer Fluggesellschaft, um das Gepäck einzuchecken und sich Ihren Platz zuweisen zu lassen.	
6. Sie passieren den Sicherheitscheck und den Metalldetektor, wo Sie vom Sicherheitspersonal überprüft werden.	
7. Sie sitzen in der Abflugzone am Gate und beobachten das geschäftige Kommen und Gehen anderer Passagiere, die sich zu ihren Flügen begeben.	
8. Ihre Flugnummer wird aufgerufen, Sie nehmen Ihr Handgepäck und reihen sich ein, um an Bord zu gehen.	
9. Sie gehen an Bord und werden von der Flugbegleitung begrüßt. Sie sehen das Flugzeuginnere mit den Sitzreihen und den kleinen Fenstern.	
10. Sie gehen den Gang entlang, bis Sie Ihren Sitzplatz erreichen. Sie verstauen Ihr Handgepäck in der Ablage über den Sitzen und nehmen Platz.	
11. Ihnen wird bewußt, daß die Kabinentür geschlossen ist und Sie das Flugzeug nicht mehr verlassen können.	
12. Ihr Flugzeug steht kurz vor dem Start. Es ist ein stürmischer und regnerischer Tag. Ein Blick aus dem Fenster zeigt Ihnen strömenden Regen und immer größer werdende Pfützen auf der Startbahn.	
13. Sie spüren einen ersten Ruck, als sich das Flugzeug Richtung Startbahn in Bewegung setzt.	
14. Während das Flugzeug zur Startbahn rollt, demonstriert die Besatzung den Umgang mit Sauer-	

Situation		Wert
	stoffmaske und Sicherheitsgurten und gibt weitere Sicherheitsinstruktionen.	
15.	Während Sie auf den Start warten, geht ein Flugbegleiter den Gang entlang, um die Sicherheitsgurte zu überprüfen. Sie tasten nach Ihrem eigenen Gurt und kontrollieren ihn.	
16.	Ihr Flugzeug ist zum Start freigegeben und fährt mit zunehmender Geschwindigkeit die Startbahn entlang. Sie spüren die Vibration und hören das Donnern der Motoren.	
17.	Das Flugzeug hebt ab, und Sie hören einen dumpfen Schlag beim Einziehen des Fahrwerks.	
18.	Während das Flugzeug sich in die Lüfte erhebt, spüren Sie, wie Sie rückwärts in Ihren Sitz gedrückt werden, dazu kleine Veränderungen im Luftdruck und Vibrationen.	
19.	Sie fliegen bei ruhigem Wetter in gleichbleibender Höhe.	
20.	Während des Fluges sehen Sie aus dem Fenster und betrachten das Panorama unter Ihnen. Alles wirkt winzig von Ihrer hohen Warte aus.	
21.	Sie befinden sich auf einem Langstreckenflug, blicken auf die Uhr und stellen fest, daß Ihnen noch vier Stunden Flugzeit bleiben.	
22.	Während des Fluges gibt der Pilot in einer Durchsage bekannt, daß das Flugzeug mit 30 Minuten Verspätung landen wird.	
23.	Sie fliegen durch dichten Nebel. Ein Blick aus dem Fenster zeigt Ihnen nur diesen undurchsichtigen Nebel. Sie können noch nicht einmal die Enden der Tragflächen erkennen.	

Situation	Wert
24. Ihr Flugzeug gerät in eine Turbulenz. Der Flug wird unruhig und holprig, und Sie werden aufgefordert, die Sicherheitsgurten zu schließen.	
25. Unerwartet gerät das Flugzeug in eine Abwärtsbewegung (ein »Luftloch«). Sie spüren deutlich, wie die Maschine schlagartig an Höhe verliert. Durch diesen Ruck kommt es zu Unruhe und Durcheinander, weil Passagiere aus dem Gleichgewicht geraten und nicht gesicherte Dinge umstürzen.	
26. Ihr Flugzeug nähert sich seinem Bestimmungsort, und das Zeichen zum Anlegen des Sicherheitsgurts leuchtet auf. Sie spüren die Veränderung des Luftdrucks, als das Flugzeug an Höhe verliert.	
27. Das Flugzeug setzt zur Landung an, und das Senken der Ruderklappen an den Flügeln verursacht eine leichte Vibration. Sie hören das dumpfe Rumpeln, als das Fahrgestell ausgefahren wird, und die Vibration verstärkt sich.	
28. Das Flugzeug setzt auf und fährt auf der Landebahn, während die Triebwerke aufbrüllen und das Flugzeug sehr stark zittert. Wenn der Pilot zum Bremsen den Motorenschub umkehrt, spürt man, wie einen die Fliehkraft nach vorn drückt.	
29. Der Flug ist zu Ende. Ihr Flugzeug fährt zum Standplatz, wo Sie aussteigen.	
30. Drei Wochen vor der Abreise denken Sie an den bevorstehenden Flug.	
31. Am Wochenende vor der Abreise denken Sie an Ihren Flug.	
32. Eine Woche vor der Abreise denken Sie an den Flug.	

Situation	Wert
33. Am Vorabend Ihres Abfluges denken Sie daran.	
34. Eine Stunde vorher denken Sie daran.	
35. Sie sprechen mit Freunden über das Fliegen.	
36. Sie fahren zum Flughafen, um Freunde oder Verwandte zu verabschieden.	
37. Sie fliegen über Berggipfel.	
38. Sie fliegen über dem Meer.	
39. Sie fliegen bei klarer Sicht.	
40. Sie fliegen bei Nacht.	
41. Sie fliegen im Winter.	
42. Sie beobachten Flugzeuge beim Starten und Landen.	
43. Sie nehmen während des Fluges eine Mahlzeit ein.	
44. Sie fliegen zusammen mit Ihrer Familie.	
45. Sie fliegen allein (ohne Freunde oder Verwandte).	
46. Sie fliegen mit einem Freund an Ihrer Seite.	

Um herauszufinden, wie stark Sie zu Phobien neigen, brauchen Sie nur sämtliche Werte des Fragebogens zusammenzählen. Die höchste erreichbare Summe beträgt 184. Als das Psychologische Institut für Flugreisen eine Untersuchung mit 4000 von Flugangst betroffenen Personen durchführte, kamen ungefähr 20 % auf eine Summe zwischen 150 und 184. Ihre Werte und jene von gelasseneren Fluggästen, die sich nicht als ängstlich bezeichnen, sind in der folgenden Tabelle aufgeführt.

	addierter Wert	ängstliche Passagiere (3926)	gelassenere Passagiere (467)
Phobie	150–184	22 %	0,03 %
Starke Furcht	100–149	38 %	0,42 %
Mäßige Furcht	50–99	27 %	14,4 %
Leichte Furcht	25–49	12 %	34,28 %
Kaum Furcht	0–24	1 %	50,9 %

Im Institut fand man heraus, daß die ruhigeren Fluggäste im Jahr zuvor dreimal oder öfter geflogen waren (einfache Flüge), die ängstlicheren dagegen im Schnitt nur 0,2mal. Das ist eine interessante Feststellung, denn sie zeigt, daß zu Furcht tendierende Reisende sich auch dann vor Flugreisen ängstigen, wenn sie kaum welche oder gar keine unternehmen. Mit anderen Worten: Nur indem sich jemand, in diesem Fall ein Fluggast, beunruhigenden Situationen stellt, verliert er die Angst davor. Vielleicht wird deshalb einem Reiter oder einem Fahrradfahrer empfohlen, gleich wieder aufzusteigen, wenn er gestürzt ist, damit erst gar keine Angst aufkommen kann. Bemerkenswert ist des weiteren, daß auch unter den gelasseneren Fluggästen eine nicht geringe Anzahl ein gewisses Maß von Beunruhigung verspürte. Kein Wunder also, daß gemäß diesem Untersuchungsergebnis 9 % bis 33 % der Bevölkerung sich vor dem Fliegen fürchten und 15 % bis 18 % es sogar ganz und gar vermeiden.

Einer der Schlüsselaspekte bei irrationalen Ängsten

und Phobien ist die antizipatorische Furcht. Ist jemand ganz besonders beunruhigt bei dem Gedanken ans Fliegen, dann sind seine übertriebenen Vorstellungen davon der Auslöser für so starke Ängste, daß er womöglich das Fliegen völlig vermeidet. Dies ist ein eindeutiges Beispiel für eine Phobie.

Anhand des Tests läßt sich auch feststellen, unter welchem Ausmaß an antizipatorischer Furcht jemand leidet. Dazu sind die Werte der Punkte 1, 2, 3, 4, 5, 6, 7, 8, 30, 31, 32, 33, 34, 35, 36 und 42 zusammenzuzählen.

Vergleichen Sie Ihre Werte mit denen der Fluggäste von der Untersuchung des Instituts in der folgenden Tabelle:

	Nicht-Flieger/ ängstliche Passagiere	gelassenere Passagiere
Durchschnittlicher antizipatorischer Wert:	41,3	5,8
Durchschnittlicher Wert zum Fliegen allgemein:	51,1	21,4

Diese Zahlen machen deutlich, daß Nicht-Flieger und ängstliche Fluggäste ein hohes Maß von antizipatorischen Ängsten verspüren. Das zeigt diesen Personen klar, woran sie arbeiten müssen: Wer unter Flugangst leidet und sich mit diesem Aspekt nicht auseinandersetzt, könnte sogar eine Phobie entwickeln, wenn seine antizipatorische Furcht sich verschlimmert.

Fallstudie

Sara war noch nie gerne geflogen. Schon Tage vor einer Ferienreise befiel sie zunehmende Furcht, stellte sie sich vor, wie ihr Flugzeug abstürzte. Falls sie in der Nacht vor ihrem Flug überhaupt schlafen konnte, hatte sie Alpträume von abstürzenden Flugzeugen. Diesmal kehrte sie mit ihrem Partner vom Urlaub in Mailand nach London heim. Vor lauter Angst nahm sie einige alkoholische Drinks zu sich. Unglücklicherweise kam es über den Alpen zu ein paar Turbulenzen, wodurch ihre erste Panikattacke ausgelöst wurde. Sie fühlte sich dermaßen ausgeliefert und elend, daß sie meinte, sie würde einen Herzanfall bekommen und sterben. Das brachte sie zu der Überzeugung, daß Fliegen gefährlich ist, und so weigerte sie sich, noch einmal ein Flugzeug zu besteigen. Zu ihrem Partner sagte sie: »Ich habe solche Angst vor dem Fliegen, also muß es gefährlich sein.«

Diese Fallstudie zeigt, wie starke Furcht zu einer Panikattacke führen und dadurch eine Phobie gegen das Fliegen bewirken kann. Beachten Sie Saras emotionale Argumentation: »Ich habe solche Angst vor dem Fliegen, also muß es gefährlich sein.« Argumentationen, bei denen Reisende ihre Einschätzung von Gefahr vom Ausmaß ihrer Angst abhängig machen, sind erfahrungsgemäß meistens unzutreffend und basieren nicht auf Fakten. Außerdem hätte Sara wohl kaum eine Panikattacke erlitten, wenn sie sich nicht selbst mit ihren antizipatorischen Ängsten und der vorausgegangenen Vorstellung von einem Flugzeugabsturz in Furcht versetzt hätte.

Haben Sie übrigens den Testpunkt in der Studie herausgefunden? Die meisten Menschen haben bei Punkt 25 einen Wert von 4. Falls Sie weniger haben, sollten Sie vielleicht Ihre Ehrlichkeit bezüglich Ihrer Angaben überprüfen.

Panikattacken

Was ist also eine Panikattacke? Typischerweise führen Menschen mit Flugangst eine ganze Reihe von Situationen auf, vor denen sie sich fürchten, wie: Angstgefühle bei Turbulenzen, Eingeschlossensein auf engem Raum, Bedrohung durch Bomben oder Flugzeugentführer, Verspätungen, Abwesenheit von zu Hause, Start- und Landephasen, Zoll und Gepäckabholung und noch viele andere. Dazu kommen oft unerfreuliche physische Symptome, die mit einigen dieser Befürchtungen einhergehen, darunter Übelkeit, Schwindelgefühl, Durchfall, Atembeklemmungen, Kopfschmerzen und Herzklopfen. Diese Symptome sind mitunter so stark, daß sie zusätzliche Ängste auslösen. Die betroffene Person fühlt sich körperlich krank und meint, dringender medizinischer Behandlung zu bedürfen.

Panikgefühle machen natürlich alles noch viel schlimmer. Sie können zu einer ausgewachsenen Panikattacke führen, die starke Ängste auslöst. Auf der nachfolgenden Tafel wird ein weiteres Beispiel dafür aufgeführt, wie die Potenzierung von einfachen Befürchtungen zu einer Panikattacke führen kann:

Entwicklung einer Panikattacke

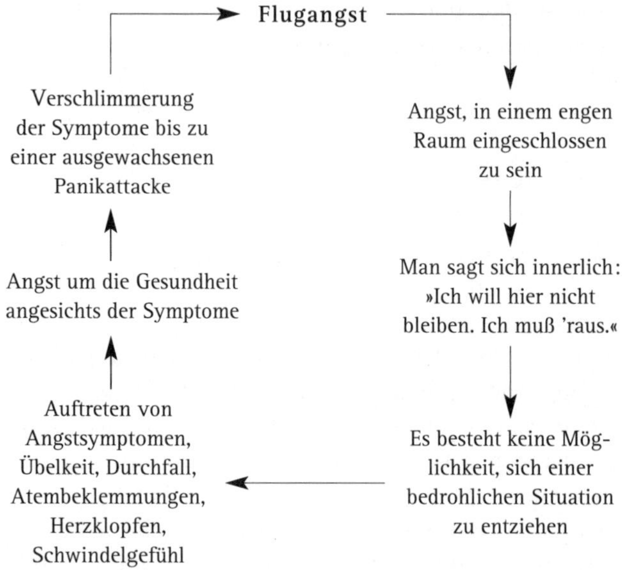

Gewisse Ängste sind beim Fliegen nichts Ungewöhnliches, sogar bei Vielfliegern. Der Unterschied besteht darin, daß diese ihre Ängste besser im Griff haben, was wiederum ihr Selbstvertrauen stärkt. Bei diesem Prozeß kann Ihnen dieses Kapitel als Katalysator dienen, indem es Ihnen zu erklären hilft, woher Ihre Ängste und Befürchtungen im Zusammenhang mit dem Fliegen kommen. Im nächsten Kapitel wird dann gezeigt, wie Sie diese Ängste reduzieren oder besser damit umgehen können.

Kapitel 3

Die Überwindung von Furcht und Ängsten rund um das Fliegen: eine Anleitung zur Selbsthilfe

Kapitel 2 hat uns gezeigt, wie wir herausfinden können, was genau uns in Unruhe versetzt, wenn wir reisen oder ans Reisen denken. Dieses Kapitel nun bietet Methoden und Techniken, mit denen Sie mittlere bis starke Anfälle von Flugangst und Flugphobien meistern können. Das Kapitel beginnt mit Aspekten rund um das Fliegen, die von nervösen Reisenden häufig falsch verstanden werden.

Zur Streßminderung: ein paar Fakten zum Thema Fliegen

Oft wissen Passagiere nicht genau, dank welchen physikalischen Gesetzmäßigkeiten Flugzeuge fliegen, und haben Angst vor Triebwerkausfällen und Turbulenzen. Wenn sie über diese Dinge besser Bescheid wissen, können sie ihre Flugängste und Befürchtungen jedoch mindern. Nachfolgend werden sechs weit verbreitete Befürchtungen erörtert.

Warum entsteht mitunter der Eindruck, daß ein Flugzeug kurz nach dem Abheben »durchsackt«?

Die meisten großen Flughäfen befinden sich in nächster Nähe von Städten oder bebautem Gebiet. Üblicherweise unterliegen Flughäfen den Maßgaben von Lärmschutzvorschriften. Kurz nach dem Abheben kann der Pilot gezwungen sein, die Schubkraft der Triebwerke für einige Augenblicke zu reduzieren, um diesen Lärmschutzvorschriften zu entsprechen. Oft entsteht dabei der Eindruck, das Flugzeug sacke ab oder falle. Tatsächlich aber steigt es nach wie vor, wenn auch in einem flacheren Winkel, obwohl der gedrosselte Motorenlärm glauben machen könnte, etwas sei nicht in Ordnung. Das ist eine ganz normale Empfindung. Man kann sich auf die Situation vorbereiten, indem man beim Einstieg ins Flugzeug kurz vorne bei den Piloten hereinschaut und fragt, ob sie nach dem Abheben aus Gründen des Lärmschutzes die Triebwerke drosseln werden.

Warum hat man das Gefühl, ein Flugzeug werde sich gleich überschlagen, wenn es eine Wendung macht?

Kurz gesagt geschieht dies, um die Wendung angenehmer zu machen. Man kann es mit einer Kurvenfahrt im Auto vergleichen. Lehnt man sich in Richtung des Kurvenverlaufs, verspürt man weniger Körperwiderstand. Große Linienmaschinen machen selten so enge

Wendungen wie Luftakrobaten. Der Winkel der Schräglage beträgt kaum einmal mehr als 30 Grad, aber wegen der Größe des Flugzeugs und der Sensibilität des Gleichgewichtsorgans in unseren Ohren kann der Eindruck entstehen, es sei mehr.

Was, wenn ein Triebwerk ausfällt?

Die Triebwerke gehören zu den teuersten und ausgefeiltesten Bestandteilen eines Flugzeugs. Heutzutage sind sie äußerst zuverlässig. Die Hersteller von Triebwerken und Flugzeugen sind im allgemeinen sehr vorsichtige Menschen, und selbst wenn der unwahrscheinliche Fall eines Problems auftreten sollte, ist die Crew bestens für ein derartiges Vorkommnis geschult. Kein Linienflugzeug erhält seine Zulassung, bevor nicht nachgewiesen wurde, daß es auch nur mit einem Triebwerk fliegen kann. In so einer Situation würde der Pilot aus Vorsicht so rasch wie möglich landen. Bei der unwahrscheinlichen Situation, daß sämtliche Triebwerke ausfallen, würde das Flugzeug wie ein Segler allmählich zur Erde hinabgleiten. Schließlich verfügt es reichlich über Höhe, Geschwindigkeit und aerodynamischen Auftrieb, um sich noch einige Zeit in der Luft halten zu können. Ab der Verkehrsflughöhe (10 000 m) kann der Gleitflug bis zu einer halben Stunde dauern, ein Zeitraum, in der sich jeder auf die Landung vorbereiten kann.

Was sind Turbulenzen, und warum sind sie manchmal so beunruhigend?

Turbulenzen oder »Holprigkeiten«, wie sie mitunter genannt werden, kommen dann vor, wenn das Flugzeug starke Luftströmungen passieren muß. Bedenken Sie: Flugzeuge fliegen nicht in einem Vakuum. Sie werden von Luft getragen, und Luftmassen stehen selten still. Verfolgt man einen Wetterbericht im Fernsehen, sieht man, daß üblicherweise auch Windstärken und -richtungen auf der Wetterkarte angegeben werden. Da viele Linienmaschinen sehr hoch fliegen, befinden sie sich über den meisten Wetterströmungen, die Turbulenzen auslösen könnten. Eher trifft man auf sie, wenn niedriger und langsamer geflogen wird, wie beim Starten oder Landen. Aber auch in größeren Höhen kann man auf Luftmassen mit stärkeren Windgeschwindigkeiten stoßen, wie z. B. den Jet Stream. Weht dieser Jet Stream in derselben Richtung, in der das Flugzeug unterwegs ist, kann er sich als außerordentlich vorteilhaft erweisen und die Flugzeit beachtlich verringern.

Bei den meisten modernen Linienmaschinen können Turbulenzen von speziellen Radarsystemen ausgemacht werden. Deshalb sind Piloten oft in der Lage, gegebenenfalls ihre Passagiere noch zu bitten, sitzen zu bleiben und die Sicherheitsgurten anzulegen. Einige Turbulenzen (wie solche bei schönem Wetter) können jedoch unter Umständen nicht entdeckt werden, und wenn der Pilot nicht von einem Kollegen eines anderen Flugzeugs davor gewarnt wurde, ist ihr Auftreten ganz unerwartet.

Es ist wichtig, sich vor Augen zu halten, daß Turbulenzen nur selten gefährlich sind. Flugzeuge können gewaltigen Krafteinwirkungen standhalten. Wenn der Anblick von schwingenden Tragflächen Ängste auslöst, sollte man sich vorstellen, sie dienten als Stoßfänger und milderten so die Stöße turbulenter Luftströmungen. Dadurch wird der Flug ruhiger. Es besteht keinerlei Gefahr, daß die Tragflächen »abbrechen«. Sie sind nicht einfach so am Rumpf befestigt. Stellen Sie sich die Tragflächen als eine einzige lange Konstruktion vor, auf der wir (in der Kabine) fliegen. Vielleicht hören die Flugbegleiter auf, Essen und Getränke zu servieren, sobald es turbulent wird, denn es besteht durchaus das Risiko, etwas zu verschütten, und der Pilot bittet Sie zu Ihrer eigenen Sicherheit, sitzen zu bleiben. Doch um es noch einmal zu wiederholen: Turbulenzen sind vielleicht unangenehm, aber selten gefährlich.

Was, wenn der Pilot krank wird?

Dieses Thema ist erst kürzlich in einer englischen Komödie aufgegriffen worden. Die Befürchtung läßt sich allerdings nicht einfach auf humoristische Weise abtun. Glücklicherweise befinden sich bei Linienmaschinen fast immer zwei Piloten an Bord, auf manchen Langstreckenflügen bis zu sechs. Wird ein Besatzungsmitglied krank, dann ist immer jemand da, der es ersetzen kann. Die Crew an Bord nimmt immer ganz verschiedene Mahlzeiten zu sich, um auszuschließen, daß sich alle dieselben Verdauungsbeschwerden zuziehen. Die

Flugvorschriften gebieten den Piloten, den nächstgelegenen Flughafen anzusteuern, wenn ein Besatzungsmitglied oder ein Passagier erkrankt. Die Sicherheit ist der wichtigste Aspekt bei Flugreisen, und es werden keinerlei Risiken eingegangen. Die Flugbesatzung muß strenge medizinische Anforderungen erfüllen und wird regelmäßig ärztlich untersucht, um sicherzugehen, daß alle gesund sind. Außerdem erfolgt ihre Pensionierung früher als in den meisten anderen Berufen.

Wie hält sich all das schwere Metall in der Luft?

Die einfache Antwort ist: durch die aerodynamische Konstruktion, die Luft und die Vorwärtsbewegung. Die besondere Form eines Flugzeugs und die Größe der Tragflächen bewirken eine gewaltige Hubkraft. Wenn Sie das nächste Mal auf der Autobahn fahren, dann stellen Sie sich einmal vor, was geschähe, wenn Sie bei hoher Geschwindigkeit einen Arm aus dem Fenster strecken würden. (Bitte halten Sie das nicht für eine Aufforderung, das tatsächlich zu tun.) Ihr Arm hätte einem großen Luftwiderstand zu widerstehen und würde wohl nach oben gedrückt werden. Dies ist ziemlich genau das gleiche, was bei einem Flugzeug geschieht. Die Luftströmung bewirkt Hubkraft unter den Tragflächen, und irgendwann bei steigender Geschwindigkeit auf der Startbahn kann das Flugzeug einfach nicht mehr am Boden bleiben. Die starken Triebwerke sorgen für die Vorwärtsbewegung (oder den Antriebsschwung). Sogar wenn die Triebwerke während des Fluges ausgeschaltet werden, bleibt die Vorwärtsbewegung dank dem Schwung erhalten, und es kommt nur zu einem allmählichen Absinken oder Höhenverlust. Auch wenn ein Flugzeug mit Passagieren, Treibstoff, Gepäck und Frachtgut sehr schwer beladen ist, wozu natürlich noch sein Eigengewicht kommt, ermöglichen die drei genannten Faktoren – Form, Luft und Vorwärtsbewegung – das Fliegen. Vor jedem Flug kalkuliert die Flugbesatzung sorgfältig, wieviel an Treibstoff, Schubkraft und Startbahnlänge benötigt werden, damit die Maschine abheben kann. Das ist der Grund, warum man kaum je Piloten herumstehen oder -gehen sieht, während die Passagiere einsteigen. Sie sind mit ihren Berechnungen und dem Abchecken aller Instrumente und Bordsysteme beschäftigt. Die Grundsätze des Fliegens sind für alle Flugzeuge die gleichen. Wenn Sie die Möglichkeit haben, in Ihrer Nähe eine Flugschule zu besuchen, bitten Sie den Fluglehrer, Ihnen diese Prinzipien näher zu erklären. Vielleicht haben Sie dann sogar den Mut, zur Probe eine erste Flugstunde zu nehmen.

Wenn unsichere Passagiere diese sechs Punkte erst einmal verstanden haben, sind sie in der Lage, mit ihren falschen Vorstellungen auf vernünftige und konstruktive Weise aufzuräumen. Meistens ist es hilfreich, sich diese Ansichten und Auffassungen zu notieren und die Reaktion darauf zu registrieren. Danach hält man die neue, auf Wissen basierende Ansicht fest, die eine Veränderung der Gefühle und des Verhaltens erleichtert. Zwei Beispiele dazu bietet die folgende Tabelle:

Irrglaube/ ungenaue- Information	**Gefühle/ Verhalten**	**neue Ansicht**	**neue Gefühle/ Verhalten**
Herumgehen im Flugzeug bringt es aus dem Gleichgewicht	Anspannen der Muskeln, Verharren am Platz, Angst, krampfhafter Griff um die Armlehnen	Tragflächen stabilisieren das Flugzeug; es kippt nicht um	Entspannung, Herumlaufen, Beobachten, wie andere herumlaufen
Wenn die Triebwerke versagen, dann fällt das Flugzeug herunter und zerschellt	Angstvolles Lauschen auf jede Änderung des Motorengeräuschs in der Erwartung, daß die Triebwerke ausfallen	Die meisten Passagierflugzeuge haben mehrere Triebwerke. Sie fliegen auch, wenn einige ausfallen. Versagen alle, beginnt ein Gleitflug, und das Flugzeug sinkt langsam	Sie genießen den Film an Bord. Genauso wie das Motorengeräusch eines Autos sich beim Beschleunigen oder Bremsen verändert, so geschieht das auch beim Flugzeug

Diese Beispiele verdeutlichen, wie wichtig Kenntnisse über Flugzeuge und das Fliegen sind. Wer sich immer noch unsicher fühlt, sollte eine oder mehrere der nachfolgenden Strategien in Betracht ziehen.

Allmähliche Gewöhnung

Gründliche Untersuchungen zeigen, daß die Ängste eines Menschen nach einer gewissen Zeit nachzulassen beginnen, wenn er sich ständig einer gefürchteten Situation aussetzt. Dies wird als Exposition bezeichnet.

Die typische Wirkung von Exposition

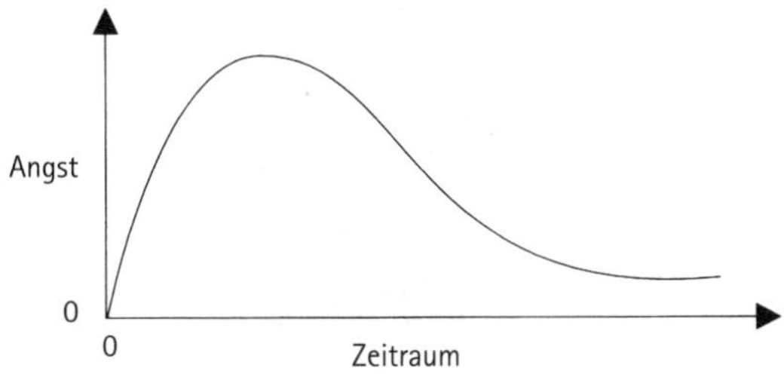

Stufenweise Exposition bedeutet, sich gefürchteten Situationen in erträglichen Schritten immer stärker auszusetzen. Wenn jemand sich vor dem Fliegen fürchtet, dann würde er zuerst mit jenen Ängsten konfrontiert, welche die antizipatorische Angst in seiner Vorstellung auslösen, bevor es wirklich ans Fliegen geht. Dieses Vorgehen erweist sich normalerweise als erfolgreich, es sei denn, die Person leidet unter Depressionen, hat vor der Übung zwei oder mehrere alkoholische Drinks zu sich genommen oder ein Beruhigungsmittel wie Valium.

Werfen Sie noch einmal einen Blick auf Ihren Test zum Thema Flugangst. Markieren Sie die Punkte, bei denen Ihre Werte zwischen 1 und 4 liegen, mit anderen Worten jene, bei denen Sie einen Beunruhigungsgrad von »ein bißchen« bis »sehr stark« verspüren (dies wird auch als subjektive Gefahreinstufung bezeichnet). Dann ordnen Sie diese Angaben in der Reihenfolge Ihres individuellen Streßfaktors. Dies wird »Rangliste« genannt. Die folgende Tabelle zeigt eine solche Rangliste einer Frau namens Maggie:

Maggies Hierarchie der Streßfaktoren

Rang	Wert subjektiver Gefahreinstufung	Punkt (Schlüsselsituation)
1	4	23 (dichter Nebel)
2	4	24 (Turbulenzen)
3	4	18 (das Gefühl, in den Sitz gepreßt zu werden)
4	4	17 (zu hören, wie das Fahrwerk eingezogen wird)
5	4	16 (Beschleunigung auf der Startbahn)
6	4	27 (Sinkflug vor der Landung)
7	4	40 (Nachtflug)
8	3	28 (Aufsetzen des Flugzeugs)
9	3	15 (Überprüfung des Sicherheitsgurtes)
10	3	13 (erster Ruck beim Anfahren)
11	3	11 (Schließen der Flugzeugtüren)
12	2	43 (Einnehmen einer Mahlzeit)
13	2	8 (Einreihen, um an Bord zu gehen)
14	1	5 (Einchecken des Gepäcks)
15	1	4 (Aufbruch zum Flughafen)

Obwohl Maggie auch die anderen Punkte der Studie mit Werten versehen hatte, waren diese 15 in ihrer Hierarchie von Befürchtungen diejenigen, vor denen sie am meisten Angst hatte. Im Folgenden wird aufgezeigt, wie sie ihr Expositionsprogramm plante, um ihre antizipatorischen Ängste zu mindern.

Fallstudie

Maggie, eine Akademikerin, litt unter Flugphobie. Sie war nur ein einziges Mal geflogen und hatte sich sehr gefürchtet. Seither hatte sie Flugreisen immer gemieden. Dann aber wollte sie an einer wichtigen internationalen Konferenz in Neuseeland teilnehmen, und eine Seereise kam nicht in Frage, da dies zu lange gedauert hätte. Ein Langstreckenflug war die einzige Möglichkeit.

Maggie beschloß, in ihrer Vorstellung ein stufenweises Expositionsprogramm zu beginnen, und zwar bei der Schlüsselsituation auf Rang 13 der Liste, welche ihr unangenehm war, aber nicht unerträglich. Sie setzte sich bequem in ihr Wohnzimmer. Sie schloß die Augen und stellte sich vor, wie ihr Flug aufgerufen wurde, wie sie ihr Handgepäck aufnahm und sich in die Schlange einreihte, um an Bord zu gehen. Nach 10 Minuten verspürte sie nur noch ein bißchen Angst anstelle der deutlich spürbaren, sank also der Grad ihrer Beunruhigung von 2 auf 1. Dann stellte sie sich die nächste Situation von Rang 12 vor, also eine Mahlzeit im Flugzeug. Wieder verspürte sie nach ungefähr 10 Minuten nur noch ein bißchen Angst, daher nahm sie sich den nächsten Punkt auf ihrer Liste vor. Bei der Vorstellung der geschlossenen Flugzeugtür, ohne Möglichkeit, das Flugzeug zu verlassen, brauchte sie allerdings mehr Zeit zur Gewöhnung, da dies ziemlich starke Furcht auslöste (Grad 3 auf der Skala). Nach ungefähr 10 Minuten sank ihre Angst auf 2 (deutlich spürbar), aber sie brauchte noch weitere 12 Minuten, bis sie Grad 1 erreicht hatte. Es war kein Wunder, daß sie sich nach dieser Übung müde fühlte.

Am nächsten Tag machte sie weiter und begann wieder mit Rang 11, dem Schließen der Tür, um sicherzugehen, daß sie ihre antizipatorische Furcht besiegt hatte. Dann arbeitete sie sich Punkt für Punkt auf der Liste weiter hinauf.

Am dritten Tag ihrer Bemühungen war sie in der Lage, sich vorzustellen, bei dichtem Nebel zu fliegen und dabei die Spitzen der Tragflächen nicht mehr erkennen zu können. Am vierten Tag konnte sie sich sogar vorstellen, gleichzeitig bei dichtem Nebel durch Turbulenzen zu fliegen und dabei eine Mahlzeit zu sich zu nehmen.

Dies war erst der Anfang von Maggies Selbsthilfeprogramm. Ihre antizipatorische Angst hatte nachgelassen, und sie dachte wesentlich seltener an die bevorstehende Reise. Bei einem Besuch des örtlichen Flugplatzes stieg ihre Furcht zwar wieder auf Wert 3 auf unserer Skala an, als sie nur beobachtete und hörte, wie die Flugzeuge starteten und landeten, doch nach einer Stunde ihrer Bemühungen ließ ihre Furcht nach und sank auf Werte zwischen 0 und 1. Diese realitätsnahe Expositionsübung half ihr tatsächlich bei der Stärkung ihres Selbstvertrauens. Sie nahm auch landende und startende Flugzeuge mit dem Videokamera auf, um sich das Video in aller Ruhe bei sich zu Hause anzuschauen und -zuhören, um sicherzugehen, daß sie ihre Ängst unter Kontrolle hatte.

Das Ändern von Überzeugungen und Abstellen von negativen Gedanken

In Kapitel 1 hatten wir eine Anzahl negativer Vorstellungen über das Reisen behandelt, die Streß verstärken. Vielleicht möchten Sie zu dem Fragebogen zu negativen Reisevorstellungen zurückblättern und noch einmal überprüfen, welchen Überzeugungen Sie besonders stark anhängen. Es gibt einige Erwartungshaltungen, die ein hohes Maß an Furcht auslösen und auch mit Phobien im Zusammenhang stehen können. Dazu gehören:

10. Bloß keine Probleme
17. Kontrolle über alle Situationen
19. Es wäre furchtbar, wenn etwas nicht klappt
20. Es wäre nicht zu ertragen, wenn etwas nicht klappt
21. Es geht sowieso immer alles schief

Führen Sie hier die weiteren Vorstellungen an, die Sie vielleicht unter Punkt 24 aufgelistet haben.

Kapitel 1 zeigte auch, wie man diesen Überzeugungen begegnen und hilfreichere Vorstellungen entwikkeln kann, wie zu den Punkten

10. Es ist äußerst wünschenswert, mit keinen Pro-

blemen konfrontiert zu werden, aber wenn es doch geschieht, bedeutet dies nicht das Ende der Welt.

17. Auch wenn es schön ist, alle Situationen unter Kontrolle zu haben, so ist es doch nicht unbedingt notwendig.
19. Selten ist etwas »furchtbar« oder ein Horror. Normalerweise ist es bloß ein Ärgernis.
20. Ich bin der lebende Beweis dafür, daß ich es ertragen kann, wenn etwas nicht klappt, schließlich war das in der Vergangenheit immer mal wieder der Fall. Das ist eher eine Bestätigung dafür, was ich alles ertragen kann.
21. Auch wenn mitunter etwas schiefgehen kann, passiert das nur selten (falls überhaupt), wenn ich verreise oder im Urlaub bin. Alles andere ist bloß Schwarzweißdenken.

Eine andere Strategie beim Umgang mit negativen Überzeugungen ist das Stoppen von Vorstellungen, indem man Gedankengänge unterbricht. Sobald sich dem Reisenden eine negative Ansicht oder Voraussage aufdrängt, kann dies beispielsweise unterbrochen werden, indem man mit einem Gummiband, das man ums Handgelenk trägt, schnipst.

Fallstudie

Eine von Johns schlimmsten Befürchtungen war die eines Flugzeugabsturzes. Geriet das Flugzeug in Turbulenzen, stellte sich John unwillkürlich seinen Absturz vor. Sofort schnipste er mit dem Gummiband, um seine negative bildliche Vorstellung zu stoppen, und erinnerte sich an eine Feststellung, die er sich kürzlich zur Selbsthilfe zurechtgelegt hatte: »Das sind bloß Turbulenzen. Flugzeuge stürzen kaum jemals ab.« Als die Maschine später zur Landung ansetzte, mußte John diesen Vorgang wiederholen, um seine Angst vor einem Flugzeugabsturz unter Kontrolle zu halten.

Andere Reisende, die von negativen Gedanken befallen werden, haben die Feststellung gemacht, daß das Überwachen der eigenen Vorstellungen vor dem Flug außerordentlich hilfreich sein kann.

Fallstudie

Mary hatte große Schwierigkeiten, ihre Zwangsvorstellung, sie werde auf ihrem nächsten langen Flug in die USA umkommen, unter Kontrolle zu bekommen. Sie litt unter Klaustrophobie und fürchtete, daß sie sich eingepfercht vorkommen und vielleicht sogar sterben würde. Sie tastete sich schrittweise an ihre Ängste heran. Zuerst beschwor sie ihre negative Vorstellung: »Ich bin eingepfercht. Ich werde sterben.« Dann klatschte sie laut in die Hände und rief dabei: »Halt.« Das half ihr, den negativen Gedankengang zu unterbrechen. Dann begann sie wieder mit ihrer negativen Vorstellung, doch diesmal klatschte und rief sie nicht ganz so laut, und wieder half dies, den Gedanken zu vertreiben. Sie wiederholte diesen Vorgang, bis sie keinerlei hörbare Äußerungen mehr zu machen brauchte. Sie stellte fest, daß es ausreichte, wenn sie in Gedanken sehr laut »Halt« sagte, um ihre negativen Zwangsvorstellungen zu unterbrechen.

Einigen Reisenden hilft es, ihre Vorstellungskraft einzusetzen, um die negativen Gedanken zu stoppen. Das betrifft vor allem jene, die dazu neigen, sich Katastrophen auszumalen.

Fallstudie

Wann immer Felix ans Fliegen dachte, sah er in Gedanken, wie das Flugzeug abstürzte. Er hatte versucht, diese Vorstellungen zu verscheuchen, mußte aber feststellen, daß ein einfach gesprochenes »Halt!« dazu nicht ausreichte. Dagegen entdeckte er eine weit wirksamere Methode. Sobald er vor seinen Augen das Bild von dem abstürzenden Flugzeug sah, stellte er sich gewaltige Leuchtreklamen vor, die das Wort »Halt!« grell aufblinken ließen. Jedesmal, wenn sich seine negative Vorstellung aufdrängte, unterbrach er sie auf diese Weise. Mit einiger Übung vermochte er sogar ganz unbewußt einzugreifen. Es war ihm mittlerweile zur Gewohnheit geworden.

Oft müssen nervöse Fluggäste ihre eigene wirksame Methode entwickeln, um die negativen Gedanken und Vorstellungen zu stoppen. Falls Ihnen die hier vorgestellten Methoden nicht besonders zusagen, sollten Sie versuchen, Ihre eigene Anwendungsform herauszufinden.

Der Umgang mit der Vorstellungskraft

Eine der besten Methoden, mit dem Flugstreß zurechtzukommen, besteht darin, die eigene Vorstellungskraft zu kontrollieren, statt negativen Vorstellungen von Katastrophen anzuhängen, die den Phobien vor und während eines Fluges zugrunde liegen und wiederum große Angstvorstellungen und sogar Panik hervorrufen können. Die negativen Vorstellungen enthalten abstürzende Flugzeuge, die Befürchtung, sich lächerlich zu machen, keine Kontrolle mehr zu haben oder verrückt zu werden, Bilder von Passagieren, die sich übergeben müssen, von Schreien und vom Sterben. Da ist es kein Wunder, daß man Schwierigkeiten hat, sich zu entspannen. Man bedient sich besser seiner Vorstellungskraft und malt sich aus, wie man sich erfolgreich mit der bedrohlichen Situation auseinandersetzt. Es gibt ein einfaches fünfstufiges Vorgehen, mit dem man seine Vorstellungskraft dazu einsetzen kann.

1. Schritt: Denken Sie über die bevorstehende Reise nach.
2. Schritt: Finden Sie heraus, welche der verschiedenen Aspekte der Reise Sie am meisten fürchten.
3. Schritt: Überlegen Sie sich Möglichkeiten, die Ihnen helfen, mit diesen Problemen fertig zu werden.
4. Schritt: Stellen Sie sich jetzt den gesamten Reiseverlauf vor, und nehmen Sie es mit den Problemen auf, die Sie beunruhigen.
5. Schritt: Machen Sie dieses Training Ihrer Vorstel-

lungskraft regelmäßig, und zwar ganz besonders dann, wenn Sie aufkommende Unruhe im Hinblick auf eine bevorstehende Reise verspüren.

Falls es Ihnen Schwierigkeiten bereitet, Strategien zu entwickeln, um mit den zu erwartenden Problemen fertig zu werden, dann überlegen Sie sich, wie erfahrende Reisende damit zurechtkommen, oder bitten Sie einen Arbeitskollegen oder Freunde mit Reiseerfahrung um Ratschläge. In unserer vorherigen Fallstudie hatte Maggie erfahren, wie hilfreich die Auseinandersetzung mit ihren Vorstellungen und den realen Umständen war, um ihre antizipatorischen Ängste zu mildern. Sie war sich jedoch immer noch nicht sicher, wie sie mit Problemen fertig werden würde, die ihr auf der Reise tatsächlich begegneten. Mit der Hilfe eines erfahrenen Reisenden notierte sie sich die wichtigsten Punkte in ihrem bevorstehenden Reiseverlauf und schrieb daneben, wie sie möglicherweise auftretende Probleme verhindern oder damit umgehen könnte:

⇛ Planung der Reise – Erstellen eines Reiseplans
⇛ Kofferpacken, Zusammensuchen der Unterlagen für die Konferenz, Bereitlegen von Flugticket und Reisepaß am Abend vor Abflug – Durchsicht des Reiseplans
⇛ Bestellen des Taxis – Auswahl einer zuverlässigen Firma
⇛ Schlafengehen – möglichst zeitig zu Bett gehen
⇛ Aufstehen, Morgentoilette, Anziehen und Früh-

stücken – schon am Vorabend Kleidung zurechtlegen und das Frühstück vorbereiten

⇛ Abschließen der Haustür, Einsteigen ins Taxi mitsamt Gepäck, Konferenzunterlagen, Ticket und Paß – kein Problem

⇛ Steckenbleiben im unvermeidlichen Verkehrsstau in der Nähe des Flughafens – ruhig bleiben, tief und ruhig atmen, sich daran erinnern, daß genug Zeit eingeplant ist

⇛ Ankunft am Flughafen vor dem richtigen Terminal, Bezahlen des Taxis und Ausladen des Gepäcks – daran denken, etwas Kleingeld zur Hand zu haben

⇛ Einchecken – um einen Sitz am Gang bitten

⇛ Eventuelle Unruhe während des Wartens – zur Entspannung und Sammlung eine Tasse milden Kräutertee an einer Bar trinken, Alkohol meiden

⇛ Unsicherheit wegen der Einsteigezeit – Überprüfen der Zeit auf der Anschlagtafel

⇛ Den Zoll passieren, Paß vorweisen und Kontrolle des Handgepäcks – ruhig bleiben; die Angestellten verrichten nur ihren Job

⇛ Betrachten des Angebots im Duty-free-Laden – daran denken, nur das einzukaufen, was man wirklich braucht

⇛ Auf der Anschlagtafel die Einsteigezeit überprüfen und sich zum richtigen Gate begeben – kein Problem

⇛ Etwas warten und dann an Bord des Flugzeugs gehen – sich in Erinnerung rufen, daß es gefährlicher ist, eine Straße zu überqueren, als in ein Flugzeug einzusteigen

⇛ Begrüßung durch die Flugbegleiter, Aufsuchen des

hoffentlich am Gang gelegenen Sitzplatzes – sich auf den Beginn der Reise freuen

- ⇛ Verstauen des Handgepäcks in den Fächern über den Sitzen – kein Problem
- ⇛ Sich bequem zurechtsetzen, den Sicherheitsgurt anlegen und passend einstellen – kein Problem, das kennt man schon
- ⇛ Die Türen des Flugzeugs werden geschlossen – lesen, um sich abzulenken
- ⇛ Die Motoren werden aufgedreht. Das Flugzeug fährt zur Startbahn, Bremsen quietschen – daran denken, daß quietschende Bremsen normal sind
- ⇛ Sicherheitsinformationen werden durchgegeben, die Crew demonstriert das Anlegen einer Rettungsweste – genau aufpassen
- ⇛ Wahrnehmen, wie sich die Klappen an den Tragflächen bewegen – das ist etwas ganz Normales
- ⇛ Lautsprecheransage an die Flugbegleitung: »Fertigmachen zum Abheben«
- ⇛ Ein einzelnes Gongzeichen
- ⇛ Das Flugzeug beschleunigt auf der Startbahn, wobei es hin und wieder holpert – entweder die Aussicht aus dem Fenster genießen oder weiterlesen
- ⇛ Von der zunehmenden Geschwindigkeit leicht in den Sitz gedrückt werden – sich daran erinnern, daß dies völlig normal ist
- ⇛ Noch ein dumpfes Geräusch, als die Räder weiter ausgefahren werden
- ⇛ Mit laut aufbrüllenden Triebwerken hebt das Flugzeug ab – dieser Lärm ist unvermeidlich, wenn die Maschine abheben soll

⇛ Dumpfe Schläge beim Einziehen des Fahrwerks und ein jaulendes Geräusch, als die Klappen eingezogen werden - dies bedeutet, daß der Start gelungen ist
⇛ Stärker in den Sitz gepreßt werden, im Magen entsteht ein flaues Gefühl - weiterlesen
⇛ Das Flugzeug drosselt die Motoren und neigt sich leicht zur Seite
⇛ Ein Gongzeichen in 500 Metern Flughöhe
⇛ Ein Gongzeichen in 3000 Metern Höhe
⇛ Schließlich neigt sich das Flugzeug abermals, und der Motorenlärm nimmt ab - sich daran erinnern, daß alles in Ordnung ist. Das muß so sein
⇛ Gongzeichen und Erlöschen der Anzeige zum Anlegen des Sicherheitsgurts
⇛ Der Kapitän gibt durch, daß es empfehlenswert ist, den Sicherheitsgurt trotz Erlöschens der Anzeige angelegt zu lassen. Die Flughöhe beträgt 10 000 Meter
⇛ Essen und ein Getränk zu sich nehmen
⇛ Turbulenzen kommen auf. Ein Gongzeichen fordert zum Anlegen des Sicherheitsgurtes auf. Das Flugzeug scheint geschüttelt zu werden. Andere Fluggäste blicken besorgt - sich sagen, daß es sich lediglich um Turbulenzen handelt
⇛ Wir müßten schon ungeheures Pech haben, daß das Flugzeug abstürzen würde! Da kann man auch weiterlesen
⇛ Die Turbulenzen hören auf
⇛ Beim Sinkflug gerät das Flugzeug in dichte Wolken, und die Enden der Tragflächen sind nicht mehr zu erkennen - daran denken, daß der Kapitän mit Radar fliegt und dies daher unerheblich ist

⇛ Der Kapitän informiert, daß es wegen des starken Flugverkehrs zu einer kleinen Verspätung kommt – sich erinnern, daß dies keine Gefahr bedeutet
⇛ Gongzeichen bei 3000 Metern
⇛ Leichte Turbulenzen während des Sinkfluges – sich daran erinnern, daß dies völlig normal und ungefährlich ist. Ruhig weiterlesen
⇛ Anlegen des Sicherheitsgurtes
⇛ Druck und Knacken in den Ohren – das ist normal
⇛ Die Klappen sind zu hören – Vorbereitung zur Landung, das ist alles
⇛ Dumpfe Geräusche beim Ausfahren des Fahrwerks – wäre das nicht zu hören, gäbe es allerdings ein Problem
⇛ Die Motoren werden sehr laut – kein Grund zur Sorge
⇛ Holpriges Aufsetzen wegen schlechten Wetters – daran denken, wie selten ein Flugzeug abstürzt
⇛ Wieder jaulen die Klappen
⇛ Lauter Lärm, als auf Schubumkehr geschaltet wird, um das Flugzeug zu bremsen – sich erinnern, daß dieser Lärm normal ist und baldiges Halten anzeigt
⇛ Bremsenquietschen
⇛ Rasch wird das Flugzeug langsamer – Erleichterung
⇛ Die Beleuchtung flackert – das Umschalten auf das Reserveaggregat
⇛ Die Flugbegleitung wird angewiesen, die Türen zu entsichern
⇛ Ansage an die Passagiere, sitzen zu bleiben
⇛ Ein Gongzeichen, und die Anzeige zum Anlegen des Sicherheitsgurts erlischt
⇛ Lösen des Gurts, Herabnehmen des Handgepäcks und

Einreihen in die Schlange der aussteigenden Passagiere

⇛ Den Zeichen zum Gepäckband folgen und durch den Zoll gehen

⇛ Ein Taxi nehmen und zum Hotel fahren

Nachdem sie diese ausführliche Liste zusammengestellt hatte, las sie diese langsam durch und stellte sich dabei jeden Schritt auf ihrer Reise vor. Bei schwierigen Abschnitten, wie zum Beispiel bei den Turbulenzen, sagte sie laut ihre hilfreiche Bemerkung vor sich hin: »Das sind bloß Turbulenzen. Es besteht keine Gefahr.« Jeden Tag wiederholte sie dies, nahm sich dazu auch die Zeit, als sie mit dem Taxi unterwegs zum Flughafen war und während sie dort an der Bar eine Tasse Tee trank, um sich zu sammeln. Schließlich verspürte sie während der gesamten Reise nur wenig Angst.

Um sich diesen ganzen Prozeß zu erleichtern, kann man diese Vorstellungshilfen auch auf eine Kassette sprechen und mit geschlossenen Augen anhören. Auch wenn Maggies Liste den meisten helfen kann, mag sich der eine oder andere genötigt sehen, noch einiges hinzuzufügen, damit er mit seinen eigenen Befürchtungen zurechtkommt. So besteht die größte Angst mancher Reisender beispielsweise in der Vorstellung, sich in den Gang übergeben zu müssen. Wer unter diesem Problem leidet, muß eine Entgegnung darauf aufnehmen.

Zeitprojektion

Wenn man während Turbulenzen auf einem Flug beginnt, sehr unter der Angst vor einem Absturz oder anderem Unerfreulichem zu leiden, kann sich eine Zeitprojektion als hilfreiche Technik erweisen: Der Reisende stellt sich die Zukunft nach einer sicheren Landung vor und sieht dadurch seine derzeitigen Probleme aus einer anderen Perspektive.

Fallstudie

Franziska befand sich auf einem Flug von den USA nach Neuseeland, als ihr Flugzeug über dem Pazifik in schwere Turbulenzen geriet. Sie begann sich auszumalen, wie sie ins Meer stürzen würden. Dieser Gedanke löste starke Ängste aus. Da erinnerte sie sich daran, was ihr eine Freundin gesagt hatte: »Befürchtungen machen nur noch mehr angst und sind kaum jemals sonderlich hilfreich.« Und so begann sie sich vorzustellen, bereits in Neuseeland gelandet zu sein und sich auf dem Inlandflug nach Wellington zu befinden. Danach stellte sie sich vor, wie sie dort mit ihrer Familie und Freunden in ihr Lieblingsrestaurant ging. Dabei erzählte sie ihnen, wie sie sich unnötig mit Sorgen wegen eines Absturzes geängstigt hatte, obwohl sie doch wußte, wie selten Turbulenzen der Grund für einen Flugzeugabsturz sind.

Indem sie sah, wie sie in der Zukunft über ihre derzeitigen Ängste lachte und vergnügt war, gelang es Franziska, sich zu entspannen und die Turbulenzen zu ignorieren.

Vorstellungen von entspannenden Situationen

Sich eine entspannende Situation vorzustellen hilft, physische und emotionale Verspannung zu lindern. Stellen Sie sich in der folgenden Übung eine angenehme Umgebung vor, wie zum Beispiel den Ort, an dem Sie sich am liebsten erholen. Normalerweise hat jeder so einen – realen oder imaginären – Ort, wie einen Garten oder einen Wald zum Spazierengehen, einen Platz zum Sonnenbaden oder eine Sauna.

1. Schritt: Dämpfen Sie nach Möglichkeit die Beleuchtung.
2. Schritt: Machen Sie es sich bequem. Lehnen Sie sich im Sessel zurück.
3. Schritt: Schließen Sie die Augen. (Benutzen Sie eventuell eine Augenbinde.)
4. Schritt: Stellen Sie sich Ihren Lieblingsort vor, wo Sie sich entspannen.
5. Schritt: Konzentrieren Sie sich auf die Farben in dieser Umgebung.
6. Schritt: Jetzt konzentrieren Sie sich auf eine einzige Farbe.
7. Schritt: Konzentrieren Sie sich nun auf Geräusche oder auf die Stille.
8. Schritt: Dann konzentrieren Sie sich auf Gerüche oder Düfte.
9. Schritt: Sie stellen sich vor, wie Sie etwas berühren.
10. Schritt: Wenn Sie bereit dazu sind, öffnen Sie die Augen.

Es ist wichtig, diese Übung regelmäßig zu machen, damit Sie sie erfolgreich unter Streß anwenden können. Sonst wäre es, wie wenn Sie zu einer Fahrprüfung antreten würden, ohne zuvor Fahrunterricht genommen zu haben. Höchstwahrscheinlich würden Sie dann durchfallen. Genauso dürfte es schwerfallen, sich eine entspannende Situation vorzustellen, wenn diese Übung nur dann angewendet wird, wenn man beunruhigt oder verärgert ist. Die Technik ist sehr einfach zu erlernen und kann auch für Reisende mit Schlafproblemen hilfreich sein.

Entspannung nach Benson

Vielen Reisenden hilft die Anwendung einer modernen Form der Meditation, die Dr. Benson zur Streßreduzierung entwickelt hat. Diese anspruchsvollere und doch einfach Methode kann übrigens auch angewendet werden, um den Blutdruck zu senken. Palmer und Strickland (1996) gehen auf folgende siebenstufige Weise vor, um in diese Methode einzuführen:

1. Schritt: Nehmen Sie so bequem wie möglich Platz.
2. Schritt: Schließen Sie die Augen.
3. Schritt: Entspannen Sie gruppenweise Ihre Muskeln, indem Sie mit dem Gesicht beginnen und allmählich bei den Zehen enden.
4. Schritt: Konzentrieren Sie sich nun auf Ihre Atmung. Atmen Sie tief durch die Nase. Stellen Sie sich vor, mit dem Bauch zu atmen

(Bauchfellatmung). Vermeiden Sie dabei ein Anheben der Schultern.

5. Schritt: Denken Sie sich eine Zahl aus, zum Beispiel die Eins. Bei jedem Ausatmen sagen Sie sich in Gedanken diese Zahl.

6. Schritt: Verfahren Sie so 8–20 Minuten lang. Falls irgendwelche Gedanken Sie ablenken wollen, ignorieren Sie sie einfach und wiederholen Ihre Zahl.

7. Schritt: Beenden Sie diese Übung ganz nach eigenem Gutdünken. Halten Sie noch für ein paar Minuten die Augen geschlossen, während Sie still sitzen bleiben.

Es ist nicht ratsam, sich zur Entspannung zwingen zu wollen. Der Prozeß soll ganz natürlich erfolgen. Vielleicht verlangt die Methode ein bißchen Übung, bevor sich Wohlbefinden einstellt. Zwischen die Schritte 6 und 7 lassen sich Zeitprojektionen einschieben, um mit einer schwierigen Situation zurechtzukommen.

Noch einige abschließende Hinweise und Vorschläge, die helfen können, Flugangst zu bewältigen:

⇛ Gehen Sie diesem Problem nicht aus dem Weg, sondern suchen Sie rechtzeitig Hilfe, um es zu lösen.

⇛ Gewöhnen Sie sich an den Anblick, die Geräusche, Gerüche und Abläufe auf einem Flughafen. Fahren Sie zu einem hin.

⇛ Vermeiden Sie Tee, Kaffee, Alkohol oder die Ein-nahme von Beruhigungsmitteln, denn dadurch kann Flugangst schlimmer werden. Sprechen Sie mit Ihrem Arzt über Ihre Ängste, und fragen Sie, ob er es vielleicht für ratsam hält, Ihnen einen Beta-Blocker gegen die Angstsymptome zu verschreiben.

⇛ Unterhalten Sie sich an Bord des Flugzeugs mit Ihrem Sitznachbarn. Das löst die Verkrampfung.

⇛ Sagen Sie der Flugbegleitung, daß Sie unter Flugangst leiden.

⇛ Erinnern Sie sich an tiefes Bauchatmen zur Entspannung.

⇛ Lenken Sie sich ab.

⇛ Denken Sie daran, daß Turbulenzen wohl unangenehm, aber selten gefährlich sind.

Kapitel 4

Wie man auf einem Flughafen überlebt

Für die meisten Menschen beginnen Angst und Aufregung vor einer Reise schon lange bevor sie ihre Wohnung verlassen. Vorfreude kann sich schnell in Luft auflösen, wenn die Fahrt zum Flughafen stressig war und danach die Ankunft an einem Flughafen voller Lärm, Durcheinander und Menschenmassen folgte. Dieses Kapitel befaßt sich mit der besonderen Atmosphäre auf einem Flughafen und mit dem Streß, den diese Umgebung auslöst, sowie mit Strategien, die helfen, damit fertig zu werden.

Um sich diese Umgebung vorzustellen, versuchen Sie, sich an Ihre letzte Flugreise zu erinnern. Auch einem Reisenden ohne Flugangst kann leicht ein Ärgernis widerfahren, sei es auf dem Weg zum Flughafen, beim Warten auf den Bus zum Terminal, nachdem man den Wagen geparkt hat, beim Schlangestehen vor dem Einchecken und so weiter. Bereits beim Eintreffen auf dem Flughafen ist man also möglicherweise verärgert oder beunruhigt. Anlage und Ausstattung des Terminals können noch weiteren Streß verursachen – vorausgesetzt, es ist überhaupt der richtige. Terminals sind separate Einheiten, künstlich geheizt oder gekühlt, laut, geschäftig und ungewohnt, wo man mit visuellen und akustischen Stimuli bombardiert wird, die mehr oder minder schwer zu verstehen sind. Bei manchen Reisenden beruht ihr ungutes Gefühl in einem Flughafen auf der ungewohnten Umgebung und Ausstattung eines Terminals. Bei anderen liegen eher psychologische Faktoren zugrunde. Im folgenden werden einige der üblichen Probleme, die in Zusammenhang mit Terminals auftreten, beschrieben und einige Vorschläge gemacht, wie sich damit zurechtkommen läßt.

Das Hinkommen

Wegen der gewaltigen Zunahme von Flugreisen und des Autoverkehrs auf den Zufahrtsstraßen zu vielen Flughäfen besteht das erste Hindernis darin, rechtzeitig am Flughafen einzutreffen. Außerdem haben viele große Städte mehrere Flughäfen in ihrem Umkreis, und man muß sicherstellen, den Weg zum richtigen einzuschlagen. Einmal angekommen, muß man den richtigen Terminal finden. Möglicher Streß auf dem Weg zum Flughafen kann größtenteils dadurch eliminiert werden, daß man dafür genügend Zeit einplant. Normalerweise kann man sich vor dem Aufbruch über den Straßenzustand informieren. Über das Internet oder eine gute Reiseagentur erhält man auch Informationen zum Straßenzustand im Umfeld ausländischer Flughäfen.

Die Größe und Menge des Gepäcks

Trotz dem häufig vorgebrachten Rat, nur das Nötigste einzupacken, nehmen wir oft viel zuviel mit. Ein Koffer, der zu Beginn einer Reise noch leicht handhabbar zu sein schien, kommt einem am Ende der Reise sehr viel schwerer vor. Doch die Befürchtung, nicht genug dabei- oder etwas vergessen zu haben, kann jede Vernunft zunichte machen, wenn es um die Einschätzung des benötigten Gepäcks geht. Außerdem kann es Besorgnis erregen, vom eigenen Gepäck getrennt zu werden. Manche Fluggesellschaften sind zuverlässiger als andere, wenn es darum geht, sicherzustellen, daß das Gepäck zur gleichen Zeit denselben Bestimmungsort erreicht wie der Reisende.

Es gibt praktische Lösungen, um viele Gepäckprobleme zu mildern, so sind beispielsweise viele Koffer mit Rädern versehen. Trotzdem muß man aber immer noch auf ihr Gewicht achten, denn nicht immer ist Hilfe zur Hand, wenn ein Koffer einmal hochgehoben werden muß. Schrecken Sie nicht davor zurück, um Hilfe zu bitten, zumal es auf einigen kleineren Flughäfen keine Gepäckkarren gibt. Um sowohl den eigenen Streß als auch das Gepäck zu reduzieren, kann es hilfreich sein, sich beim Packen zu fragen: »Brauche ich das wirklich? Wann würde ich das anziehen/benutzen? Knittert das? Was kann schlimmstenfalls passieren, wenn ich das nicht mitnehme?« Bei den meisten Fluggesellschaften bestehen heutzutage Vorschriften hinsichtlich der Maße des Handgepäcks, und auch hier kann es empfehlenswert sein, daß es Räder hat, denn die Wegstrecken, die man in Flughäfen zu Fuß zurücklegen muß, können ausgesprochen lang sein. Ältere und gehbehinderte Personen sollten vielleicht vorsichtshalber im voraus einen Rollstuhl bestellen oder fragen, ob sie mit einem Elektrobuggy vom Einchecken zum Flugzeug gebracht werden können. Bei der heutigen Sensibilität in Sicherheitsfragen ist es ratsam, nichts Gefährliches im Handgepäck mitzuführen, nicht einmal ein Küchenmesser. Und zu guter Letzt kann ein Gegenstand mit der Aufschrift »Zerbrechlich« bei der Ankunft eventuell auf einem anderen Transportband angeliefert werden.

Das Durcheinander

Flughafenterminals können sehr verwirrend sein, vor allem, wenn sie einem fremd sind oder man nach einem Langstreckenflug erschöpft ist. Fortgeschrittenes Alter und unvermeidliche Reisemüdigkeit können alles noch verschlimmern. Die Menschenmenge, Lärm, Zeitdruck, die Abgabe des Gepäcks und die Bemühung um einen guten Sitzplatz tragen weiter zu einem unguten Gefühl und zur Verwirrung bei. Jede kleine Abweichung von der »Normalität« steigert noch das Empfinden von Streß und Durcheinander. Einige Menschen mögen diese Aufregung und das Hin und Her auf einem Flughafen, für andere dagegen wirken das Verwirrende und die unwirkliche, künstliche Atmosphäre beunruhigend.

Fallstudie

John war ein Vielflieger, der im Jahr alles in allem vier Monate mit Flugreisen verbrachte. Er selbst hielt sich für einen erfahrenen Reisenden, der nicht allzu sehr unter Streß geriet. Er konnte jedoch nicht herausfinden, weshalb er sich in einigen Flughäfen schlechter und gar nicht wie er selbst fühlte, in anderen hingegen nicht. Er mochte es zwar nicht gerne zugeben, aber tatsächlich war er auf manchen Flughäfen etwas benommen und wußte nicht mehr, wohin er wollte.

Ein älterer Kollege, der ebenfalls sehr viel geflogen war, hatte Verständnis für Johns Probleme und glaubte nicht im geringsten, daß er sich bloß »anstellte«. Gemeinsam fanden beide heraus, daß John sich weniger bedrängt von anderen fühlte und den Bezug zur Realität besser behielt, wenn er in einem Terminal in der Nähe eines Fensters saß und hinaussah. John stellte außerdem fest, daß ihm wohler war, wenn er sich in einem Terminal auskannte.

In diesem Fallbeispiel gelang es John, den Einfluß von allzu vielen Reizfaktoren zu reduzieren, indem er sich in die Nähe eines Fensters setzte. Der Lärm, die Durchsagen, ein Gefühl der Ohnmacht sowie die Unpersönlichkeit der meisten Flughafenterminals erzeugen geradezu ein Bombardement von unerfreulichen Reizen. Dazu kommt, daß viele Reisende sich in Alarmstimmung befinden, weil sie etwas zu verpassen fürchten, wie zum Beispiel eine wichtige Durchsage zu ihrem Flug.

Größere Vertrautheit mit Flugreisen und verschiedenen Terminals tragen zur Reduzierung der Verunsicherung bei. Für einen unerfahrenen Reisenden ist es eine Hilfe, zu wissen, was ihn erwartet. Deshalb sollte man nicht davor zurückschrecken, Reiseagenturen, Familienmitgliedern, Freunden, anderen erfahrenen Reisenden oder dem Bodenpersonal Fragen zu stellen. Wenn Sie unsicher sind, kommen Sie mit einer »Zu-erledigen«-Liste zum Flughafen – schriftlich notiert oder in Ihrem Kopf. Stellen Sie sich in die Nähe eines Informationsmonitors, der die Abflugzeiten und -gates anzeigt, falls Ihnen besonders viel daran liegt, die Abflughalle ohne Zeitdruck zu erreichen. Auch sind die meisten Flughäfen dazu übergegangen, Ankündigungen über Abflugzeiten nicht mehr über Lautsprecher zu machen. Sind Sie beim Einstieg in das Flugzeug unter den ersten, haben Sie mehr Raum in der Ablage für das Handgepäck.

Die ungewohnte Umgebung in einem Terminal kann besonderen Streß für jemandem mit einer Behinderung der Sinnesorgane oder mit Gedächtnisschwäche bedeuten. Hör- und Sehschwächen sowie abnehmende Gedächtnisleistung nehmen häufig mit dem Alter zu. Um die Verwirrung möglichst klein zu halten, sollte man

- ⇛ versuchen, möglichst nicht alleine zu fliegen;
- ⇛ viel Zeit einplanen;
- ⇛ eine längere Pause machen, bevor man wieder irgendwohin fährt oder etwas zu tun versucht, was Verwirrung auslöst;
- ⇛ nicht zögern, zu fragen, wenn man sich verlaufen hat oder nicht weiß, was man tun soll;
- ⇛ sich nicht schämen, weil man verwirrt ist: Man ist nicht der oder die einzige;

⇛ sich klarmachen, daß die unerfreulichen Empfindungen einer Verwirrung normalerweise vorübergehen.

Das Gefühl der eigenen Ohnmacht

Ein maßgebliches Element, das dem Streß vieler Menschen zugrunde liegt, ist das Gefühl der eigenen Ohnmacht. Das Gepäck verschwindet rasch auf dem Transportband, selten kann man sich seinen Sitzplatz im Flugzeug aussuchen, man wird durch die Zollkontrolle geschleust, muß den manchmal entwürdigenden Sicherheitscheck über sich ergehen lassen, ist vielleicht einem unpersönlichen und zeitweise unfreundlichen Service ausgesetzt und wird von der Menge herumgeschubst. Da ist es nicht verwunderlich, wenn man den Eindruck hat, die Kontrolle über das eigene Leben zu verlieren, und es zu Gefühlsausbrüchen kommt.

Fallstudie

Anne war eine hochrangige Angestellte im Finanzbereich. Sie war normalerweise ein gut organisierter Mensch, der immer genügend Zeit einplante und sich nicht in allerletzter Minute abhetzen mochte.

Vor ihrem letzten Flug in die USA hatte sie ungewöhnlich lange gearbeitet. Als sie beim Check-in eintraf, fühlte sie sich müde, auch zumal die Fahrt zum Flughafen länger gedauert hatte als üblich. Obwohl sie im voraus einen Sitzplatz gebucht hatte, sagte man ihr beim Einchecken, eine solche Buchung läge nicht vor. Man bot ihr einen Fensterplatz an, obschon sie ausdrücklich einen Platz am Gang verlangt hatte. Auch wenn sich die Angestellten der Fluggesellschaft bemühten, spürte Anne, wie sie immer wütender wurde.

Der Tropfen, der das Faß zum Überlaufen brachte, fiel, als ein Mann in der Schlange hinter ihr versehentlich mit seinem Gepäckkarren gegen ihr Bein stieß. Mit unmißverständlichen Worten gab sie ihm zu verstehen, wie ungeschickt er sei. Es gelang ihr gerade noch, sich zurückzuhalten, bevor sie laut geworden wäre, fühlte sich aber von dem Vorfall ziemlich betroffen.

Auch wenn ein gewisses Maß an Umsicht in jeder fremden Umgebung angebracht ist, ist es kaum möglich, alle Aspekte auf einer Flugreise zu kontrollieren, so aufmerksam man auch sein mag. Der Streß läßt sich reduzieren, wenn man sich überlegt, welche Aspekte im eigenen Kontrollbereich liegen und welche nicht. Dann kann man sich von der Vorstellung lösen, Dinge kontrollieren zu wollen, die nicht in der eigenen Macht stehen, wie das Wetter, Flughafenstreiks oder Verzögerungen. Verspätungen lassen sich dazu nutzen, eine Lektüre nachzuholen, Briefe zu schreiben oder zu telefonieren. Will man sich in einer Sache beschweren, von der man angenommen hatte, sie unter Kontrolle zu haben, wie in Annes Fall, sollte man versuchen, dies auf effektive Weise zu tun, anstatt seinen Unmut an jemandem auszulassen, der keine Möglichkeit hat, etwas zu ändern.

Üblicherweise nützt es mehr, sich bei der Fluggesellschaft zu beschweren als bei der unglücklichen Schalterangestellten. Außerdem sollte man sich vor einer

Beschwerde überlegen, was man sich als Resultat davon erwartet. Eine Entschuldigung oder eine Entschädigung?

Das Einkaufen

Obwohl für die meisten Reisenden das Einkaufen auf Flughäfen Spaß und Zeitvertreib bedeutet und die Langeweile verscheucht, kann es mitunter eine Zwangshandlung sein. Manche Menschen verspüren den Drang, Geld auszugeben. Fremde Währungen vermitteln oft den Eindruck, kein »echtes« Geld zu sein, so daß man sich leichter davon trennt. Impulsivkäufe können später schnell bereut werden und manchmal zwischen Partnern zu Problemen führen. Wenn zudem das Einkaufen eine Reaktion auf den Streß in Terminals ist, führt das Geldausgeben nicht unbedingt zu einer Streßminderung.

Wenn Sie den Auslösern von Streß größere Aufmerksamkeit schenken, vermögen Sie diesen besser zu lindern als mit impulsiven Käufen. Überlegen Sie, ob Sie einkaufen wollen, und wenn ja, was Sie wollen. Es ist ratsam, sich ein Ausgabelimit zu setzen, bevor man die Läden betritt. Sie sind da, um uns dazu zu verführen, soviel wie möglich auszugeben! Stürzen Sie nicht gleich in den ersten Laden, nehmen Sie sich Zeit, und schauen Sie sich zuerst einmal um. Das hilft Ihnen, sich zurückzuhalten.

Streß in Flughafenterminals ist eine weitverbreitete und normale Erfahrung. So stressig es auch ist, denken Sie daran, daß dies nur vorübergehend so ist. Wenn Sie den Grund für Ihre ganz persönliche Streßerfahrung kennen, ist das der erste Schritt, den Druck zu reduzieren. Manche Vorgänge in einem Terminal entziehen sich unserer Kontrolle. Zu wissen, was man selbst kontrollieren kann und was nicht, hilft oft, die eigenen Emotionen im Zaum zu halten. Die oben aufgeführten Punkte sind nicht die einzigen Lösungsmöglichkeiten, aber sie helfen Ihnen vielleicht, Ihre individuelle Strategie festzulegen.

Kapitel 5

Was man gegen Jetlag tun kann

Der Begriff Jetlag (in der Fachsprache »zirkadianische Desynchronisation«) wird allgemein verwendet, um Schlafrhythmusstörungen nach Langstreckenflügen zu beschreiben. Flugreisen können ein breites Spektrum an Unannehmlichkeiten physischer oder psychischer Art mit sich bringen. Dem erfahrenen Reisenden sind diese Unannehmlichkeiten vertraut, während sie für den unerfahrenen eine unerfreuliche Überraschung darstellen können. Von allen Problemen im Zusammenhang mit Langstreckenflügen ist Jetlag wahrscheinlich das am wenigsten willkommene und anstrengendste, da es nicht bei der Ankunft verschwindet. Tatsächlich hält Jetlag bis zu einigen Tagen, in manchen Fällen sogar bis zu zwei Wochen an.

Die Auswirkungen können den Beginn eines Urlaubs negativ beeinflussen, geplante Geschäfte behindern oder auch das Zurückfinden in die gewohnte Routine nach der Heimkehr von einer Auslandsreise erschweren. In diesem Kapitel möchten wir Ihnen ein paar nützliche Tips vermitteln, wie man den Folgen eines Jetlags vorgreifen kann, wie man damit umgeht, sich auf die Symptome einstellt und sich die Auswirkungen mildern lassen.

Ein Langstreckenflug ist oft schon abschreckend genug, aber der Jetlag ist für manche Menschen das Tüpfelchen auf dem i, das sie davor ganz zurückschrekken läßt. Auch wenn man selbst mit den Folgen eines Jetlags zurechtkommt, ist es ebenso belastend, wenn der Schlafrhythmus des Partners oder der Kinder gestört ist. Auf alle Fälle ist Jetlag ein komplexes Problem und mehr als nur Übermüdung nach einem langen Flug oder bloß eine unerfreuliche Änderung unserer normalen Schlafgewohnheiten. Er kann sich negativ auf Stimmung, Motivation, Verhalten und Leistungskraft auswirken.

Was geschieht mit unserem Körper, wenn wir eine Flugreise unternehmen? Die »innere Uhr« unseres Körpers mit ihrem 24-Stunden-Rhythmus zeigt uns an, wann wir essen, schlafen oder anderes tun sollten. Bei einer Reise über verschiedene Zeitzonen hinweg, also von Osten nach Westen oder umgekehrt, läuft unsere innere Uhr nicht mehr parallel zum Geschehen um uns herum. So verspüren wir vielleicht Hunger zu den seltsamsten Zeiten, z. B. mitten in der Nacht oder spätmorgens, und sind putzmunter, wenn alle anderen um uns herum sich bereit machen, schlafen zu gehen. Diese physischen Empfindungen können beängstigend oder deprimierend wirken, da die eigene Routine gestört worden ist und man sich nicht in Übereinstimmung mit den Menschen um sich herum befindet. Unglücklicherweise läßt sich unsere innere Uhr nicht so einfach ein paar Stunden vor- oder zurückstellen wie eine Armbanduhr. Die Angleichung kann recht langsam verlaufen, und bei Gewohnheiten wie der Essens- oder Schlafenszeit kann es einige Tage dauern. Das setzt allerdings voraus, daß in diesem Zeitraum nicht noch weitere Reisen stattfinden.

Zu den Symptomen des Jetlags gehören:

⇛ extreme Müdigkeit, Schlaflosigkeit oder Lethargie;
⇛ Appetitverlust, Energielosigkeit;
⇛ mangelndes geistiges oder körperliches Leistungsvermögen;
⇛ Verstopfung;
⇛ Übelkeit, Schmerzen;
⇛ Depressionen, Gereiztheit;
⇛ Orientierungsstörungen, Beeinträchtigung der Koordination, Verlust des Zeitgefühls;
⇛ Konzentrationsstörungen;
⇛ Ängste;
⇛ Gedächtnisstörungen;
⇛ Kopfschmerzen;
⇛ fehlendes sexuelles Interesse.

Unsere innere Uhr beeinflußt mehr als unsere Gewohnheiten wie Essen und Schlafen. Die Zyklen oder der innere Rhythmus wird durch den Ausstoß körpereigener Hormone in die Blutbahn reguliert, wozu auch ein Hormon gehört, das die Körpertemperatur senkt und so auf das Schlafen vorbereitet. Ungefähr um Mitternacht beginnt die Körpertemperatur abzusinken, um ihren tiefsten Stand gegen vier Uhr morgens zu erreichen. Bis rund zehn Uhr morgens steigt sie wieder an und bleibt dann für den Rest des Tages relativ konstant. Dieser

Wechsel der Körpertemperatur ist eine der spürbaren Rhythmusvorgaben. Dazu sinkt der Blutdruck in der Nacht, der Sauerstoffbedarf ist gesenkt, und die Tätigkeit anderer Körperbereiche ist eingeschränkt.

Wir alle wissen, wie sehr die Ereignisse um uns herum sich auf unsere Gewohnheiten und die Alltagsroutine auswirken, welche wiederum beeinflußt werden von Helligkeit/Dunkelheit bzw. Tag/Nacht, von der gewohnten Nahrungsaufnahme, sozialen und beruflichen Bedürfnissen wie auch von aktiveren oder passiveren Phasen. Die Menschen reagieren unterschiedlich darauf. Einige gehören zu den »Nachteulen« und bleiben gerne bis in die frühen Morgenstunden auf, sei es bei der Arbeit oder in geselliger Runde, während sich andere bettreif fühlen, kaum daß sie zu Abend gegessen und ein Glas Wein getrunken haben. Bei Säuglingen und Kleinkindern scheint sich der 24-Stunden-Rhythmus auf Minizyklen von 6 bis 12 Stunden komprimiert zu haben, was ein Eingehen auf ihre ständigen Schlaf- und Essensbedürfnisse erforderlich macht. Nicht für jeden ist dies angenehm, und so mancher empfindet beim Aufziehen von kleinen Kindern so etwas wie einen konstanten Jetlag.

Der innere 24-Stunden-Rhythmus sowie der Einfluß von Hell und Dunkel sind die wesentlichen Faktoren, die unseren gewohnten Lebensrhythmus bestimmen. Beim Wechsel in andere Zeitzonen wird dieser Rhythmus gestört, wobei die Auswirkungen auf den einzelnen unterschiedlich sind.

Die Schwere eines Jetlags wird von folgenden Faktoren beeinflußt:

⇛ Alter (je älter man ist, um so stärker wirkt er sich aus);
⇛ Anzahl der durchquerten Zeitzonen;
⇛ Himmelsrichtung der Reiseroute;
⇛ Flugdauer;
⇛ Tages- bzw. Nachtzeit bei Ankunft des Flugzeugs;
⇛ Geschlecht (Frauen scheinen stärker darunter zu leiden);
⇛ Empfindlichkeit gegenüber Umwelteinflüssen (z.B. hell/dunkel oder Essenszeiten der Umgebung);
⇛ Grad der Ermüdung vor der Reise;
⇛ Reiseklasse (ein größerer Komfort kann die Schwere der Auswirkungen mindern);
⇛ die eigene Stimmung;
⇛ Flugzeugtyp (wirkt sich u. U. auf die Bedingungen an Bord, die Fluglänge und die Häufigkeit der Lufterneuerung aus);
⇛ Grund der Reise;
⇛ Jahreszeit;
⇛ Häufigkeit von Jetlag.

Die Symptome sind normalerweise ausgeprägter, wenn man nach Osten reist als nach Westen, denn die meisten kommen mit den gelegentlichen Folgen eines »langen Tages« oder einer »langen Nacht« recht gut zurecht. Wer von London nach New York fliegt, gewinnt fünf Stunden, der Tag wird entsprechend verlängert. Da man während des siebenstündigen Fluges gesessen hat und dabei wohl relativ untätig war, ist nach Verlassen des Flugzeugs vorerst meist ein Energiestoß zu verspüren. Allerdings bemerken wir dann auch, wie leicht wir ermüden, und möchten vermutlich früher zu Bett gehen als »gewöhnlich«. Wer sich dann in New York um 11 Uhr abends schlafen legt, dessen Körper hat sich bereits mit den Symptomen einer langen Nacht auseinanderzusetzen, da ihm seine innere Uhr den Eindruck von 4 Uhr morgens vermittelt.

Die Rückreise wird sich höchstwahrscheinlich als anstrengender erweisen. Der Tag ist deutlich kürzer, wenn es in östliche Richtung geht. Es ist 11 Uhr Ortszeit, wenn wir in London eintreffen, unser Körper hingegen meint, es sei erst 18 Uhr. Wundern Sie sich nicht, wenn es Sie dann nach einem Snack um Mitternacht gelüstet oder Sie das Bedürfnis haben fernzusehen, wenn alle um Sie herum tief schlafen. Besonders störend kann sich das auswirken, wenn man von London gerade in Singapur oder Sydney eingetroffen ist. Auch wenn man sich auf einen erholsamen Urlaub gefreut haben mag, können sich zumindest die ersten Tage ganz anders als erwartet erweisen. Man fühlt sich vielleicht physisch und psychisch ausgelaugt. Das wiederum wirkt sich auf die Beziehung zu Freunden, Familienmitgliedern oder Geschäftspartnern aus. Man steht also vor der Wahl, entweder die Auswirkungen des Jetlags vollkommen zu ignorieren oder zu versuchen, mit einigen der Symptome zurechtzukommen bzw. diese zu vermeiden.

Fallstudie

Rob, 26 Jahre alt, wurde eingeladen, auf seiner ersten Konferenz in Dallas (Texas) einen Vortrag zu halten. Er freute sich darauf, war aber auch nervös und hoffte, einen guten Eindruck zu machen. Da er keine große

Reiseerfahrung besaß, hatte er keine Ahnung, wie man die Auswirkungen eines Jetlags reduzieren kann. Auf dem Flug von London trank er einen Gin Tonic und konsumierte sogar noch drei kleine Flaschen Wein zum Essen. Es war sein erster Flug in der Business-Klasse, und er wollte die damit verbundenen Privilegien auskosten.

Nach der Ankunft nahm er den Bus zum Campus der Universität. War er zuerst noch bester Laune gewesen, so fühlte er sich bei der Ankunft dort müde, und ihm war übel. Seine Gastgeber hatten sich die Mühe gemacht, ihn nach echt texanischer Sitte willkommen zu heißen, und ein großes Grillfest arrangiert. Doch schon am frühen Abend mußte Rob sich entschuldigen und die Toilette aufsuchen, wo er eine halbe Stunde lang mit den Folgen seiner Übelkeit zu kämpfen hatte. Er war klug genug, sich für den Rest des Abends zu entschuldigen und vor dem Zubettgehen noch viel Wasser zu trinken. Rob schlief schnell ein, erwachte jedoch um vier Uhr morgens, verkatert und deprimiert. Obwohl sein Vortrag recht gut verlief, war ihm doch bewußt, daß er nicht seinem üblichen hohen Niveau entsprach. Noch immer spotten seine Kollegen darüber, daß er zuviel getrunken und die Folgen des Jetlags außer acht gelassen hatte.

Tips und Tricks gegen Jetlag

Eine Faustregel besagt, daß der Körper pro Zeitzone einen ganzen 24-Stunden-Zyklus braucht, um sich auf die veränderten Bedingungen einzustellen. Bei einer Reise von London nach New York können demnach fünf Tage bis zur vollständigen Eingewöhnung erforderlich sein. Dies ist wahrscheinlich eine wenig erfreuliche Nachricht, vor allem wenn man einen Kurzurlaub machen will oder einen wichtigen geschäftlichen Termin wahrnehmen muß. Nichtsdestotrotz läßt sich die Reise planen und zumindest für die ersten paar Tage festlegen, wie aktiv und beschäftigt man sein wird. Das kann auch jemandem zugute kommen, der die Reise bis aufs letzte nutzen und zum Beispiel nach einem Nachtflug direkt vom Flughafen zur Arbeit fahren möchte. Auch wenn viele Reisende dies tun, zeigen Forschungsergebnisse, daß es ratsam ist, nach einer Flugreise eine Pause einzulegen, damit die Folgen des Jetlags abgeschwächt werden und die Symptome so rasch wie möglich verschwinden. In den meisten Fällen bedingt dies eine sorgfältige Planung hinsichtlich Arbeitszeit und -aufwand, sozialer und anderer Aktivitäten sowie des Schlafbedürfnisses. Um festzustellen, wie man mit den Folgen eines Jetlags besser zurechtkommen kann, wollen wir uns diese Schritte genauer anschauen.

Passen Sie schon vorher Ihren Tagesablauf an

Manche erfahrene Leute beginnen ihre Reise schon einige Tage vor dem Flug vorzubereiten. 24 Stunden vor der Abreise stellen sie ihre Uhr auf die neue Zeitzone um und fangen dementsprechend an, eine neue Routine zu entwickeln. Es ist so, als würde man seinen Körper überlisten und ihm weismachen, man sei bereits am Ankunftsort eingetroffen. Natürlich gibt es dabei Grenzen, denn schließlich kann man sich nicht in seinem Büro zum Schlafen auf den Boden legen, nur weil man vor der Reise seinen Schlafrhythmus anpassen möchte. Auf jeden Fall aber werden Körper und Geist zumindest auf einige der bevorstehenden Veränderungen vorbereitet. Am Abend vor der Abreise sollte man die Schlafenszeit so nah wie möglich an jene des Ankunftsortes angleichen. Hell und Dunkel sind ganz besonders wichtige Aspekte, daher sollte das Schlafzimmer gut abgedunkelt sein, wenn man zu schlafen versucht. Sollte das nicht möglich sein, kann man eine Augenbinde anlegen, wie sie auch Reisenden auf Langstreckenflügen ausgeteilt werden.

Fahren Sie mit der Anpassung während des Fluges weiter fort

Auch an Bord des Flugzeugs kann man die innere Uhr anpassen. Leider geht das manchmal schlecht mit den Flugzeiten und den Mahlzeiten an Bord. Daher sollten Sie versuchen, Flüge zu buchen, deren Zeiten günstiger liegen, und einige der Mahlzeiten schon vorweg einnehmen. Was man an Bord zu sich nimmt, kann sich auch auf den Jetlag auswirken, doch dazu erhalten Sie später ein paar Tips. Sobald Sie an Bord gegangen sind, Platz genommen und den Sicherheitsgurt angelegt haben, stellen Sie Ihre Uhr gemäß der künftigen neuen Ortszeit. Betrachten Sie dies als psychologischen Anreiz zur Anpassung ihres Biorhythmus. Versuchen Sie, Ihren

Schlafrhythmus mit Ihrer Destination in Einklang zu bringen. Wenn Sie frühmorgens landen, sollten Sie versuchen, auf dem Flug so viel wie möglich zu schlafen. Treffen Sie abends ein, dann versuchen Sie, während des Fluges wach zu bleiben (lesen oder arbeiten Sie, oder schauen Sie sich den Bord-Film an) und den Schlaf auf die Zeit nach der Ankunft zu verschieben. Treffen Sie morgens ein, stellen Sie sich den langen, geschäftigen Tag vor, der vor Ihnen liegt. Kommen Sie abends an, stellen Sie sich die Dusche und das Bett vor, das sie erwartet. Dementsprechend sollte auch der darauffolgende Tag geplant werden. Die meisten Menschen haben abends mehr Energie, wenn Sie von West nach Ost gereist sind, während diejenigen, deren Reise von Ost nach West ging, im allgemeinen am Morgen einen Energiehöhepunkt verspüren.

Ändern Sie Ihren Schlafrhythmus

Jeder hat irgendwann schon einmal Schlafprobleme gehabt. Vielleicht waren es Ärger im Job oder Beziehungsprobleme, die den normalen Schlaf gestört hatten. Es kann auch vorkommen, daß wir das Bedürfnis nach mehr Schlaf als gewöhnlich haben. Langeweile, eine Streßperiode oder einfach ein Gefühl der Entspannung mögen dies bewirken. Glücklicherweise können Schlafprobleme behandelt werden, und ein neuer Rhythmus stellt sich ein. Dies ist eine gute Nachricht für den Jetlag-geplagten Reisenden, der sich entweder an eine neue Schlafroutine gewöhnen oder sich mit einer gestörten abfinden muß. Der erste Schritt zur Änderung der Schlafroutine besteht in dem Versuch, nachts zu schlafen. Das ist im Hinblick auf unsere sozialen und physischen Bedürfnisse sinnvoll. Das Verschieben des Schlafs und das Ignorieren des lokalen Rhythmus verstärken nur die Auswirkungen des Jetlags. Sowohl an Bord eines Flugzeugs wie auch an Ihrem Bestimmungsort können Ihnen die folgenden Hinweise helfen, Schlaf zu finden:

- ⇛ Denken Sie an die üblichen Rituale, die Sie befolgen, wenn Sie zu Bett gehen (z. B. Zähneputzen, ein Glas warme Milch trinken, noch ein wenig lesen), und versuchen Sie, sich daran zu halten. Mitunter kann man nach einer Mahlzeit besser einschlafen, allerdings sollte man dann ein leichtes Essen wählen.
- ⇛ Sorgen Sie für Bedingungen um Sie herum, die Ihnen das Einschlafen erleichtern (sich mit einer Decke zudecken, Radio oder Fernsehen ausschalten, die Rückenlehne so weit als möglich zurückklappen), und vergewissern Sie sich, daß Sie bequem liegen.
- ⇛ Lockern Sie Ihre Kleidung, wenn Sie sich in einem Flugzeug befinden (z. B. Ihren Gürtel oder Schlips), und ziehen Sie besser Ihre Schuhe aus.
- ⇛ Verwenden Sie Ohrstöpsel, um Geräuschbelästigungen zu reduzieren.
- ⇛ Bedecken Sie Ihre Augen mit einer Binde, wenn das Licht zu hell ist.
- ⇛ Verbannen Sie alle sorgenvollen Gedanken. Sie können ein anderes Mal über Ihre Arbeit oder Anforderungen an Sie nachdenken.

- ⇛ Atmen Sie tief und langsam.
- ⇛ Denken Sie daran, daß Sie zumindest dösen oder sich ausruhen können, auch wenn es Ihnen nicht gelingt, zu schlafen.
- ⇛ Schlaftabletten können helfen, den Schlaf herbeizuführen. Am besten nimmt man ein Mittel mit kurzer Wirkungsdauer, um einen ›Hangover‹ zu vermeiden, der nach Einnahme einiger Mittel auftreten und den Jetlag verschlimmern kann. Nehmen Sie kein Mittel zu sich, bevor Sie nicht bereits seit mindestens einer halben Stunde in der Luft sind. Wahrscheinlich finden Sie leichter Schlaf, wenn Sie das Abflugprozedere und den Start hinter sich haben. Auch könnte es sonst im Fall einer Verzögerung geschehen, daß Sie zu einem Zeitpunkt schlafen, an dem Sie hellwach sein sollten.
- ⇛ Das Schlafhormon Melatonin ist eine gute Alternative zu Schlafmitteln und ist in den USA und in Großbritannien auf privatärztliche Verschreibung erhältlich. Die Einnahme dieses Hormons kann Ihnen bei der Umstellung Ihrer inneren Uhr helfen.

Nutzen Sie soziale und physische Gegebenheiten

Helles Licht unterstützt die Einstellung der inneren Uhr. Sonnenlicht ist dabei besonders effektiv, deshalb sollte man versuchen, sich am neuen Ort so viel wie möglich draußen aufzuhalten. Es hilft aber auch, sich hellem künstlichem Licht auszusetzen. Einige Leute, die oft fliegen, haben berichtet, daß ein langes, heißes Bad möglichst bald nach der Ankunft sie entspannt und ebenfalls hilft, ihre innere Uhr einzustellen. Aromatherapie, Massage oder einfache Entspannungsübungen können auch eine Hilfe sein, ebenso das Reisen in einer Gruppe anstatt allein. Offenbar finden Alleinreisende nicht dieselbe Unterstützung und Motivation, die eine Gruppe vermitteln kann, und sind dadurch auf Reisen größerem Streß ausgesetzt. Auch Selbstgespräche können helfen. Motivieren Sie sich, entspannt oder hellwach zu sein. Stellen Sie sich dabei etwas vor, das Sie dabei unterstützt. Körper und Geist bilden schließlich eine Einheit, und das Denken vermag unsere Gefühle und unser Verhalten zu beeinflussen, während wiederum ein anderes Verhalten unser Denken ändern kann.

Achten Sie mehr auf Ihr Eßverhalten

Essenszeiten und Nahrungsaufnahme können den Jetlag beeinflussen. Häufig mangelt es den Mahlzeiten an Bord an Kohlehydraten, und sie enthalten hohe Anteile an Zucker, Fett und Salz. Die meisten Mahlzeiten werden lange vor dem Flug zubereitet, eingefroren und dann an Bord in Konvektoröfen wieder aufgewärmt. Der Geschmack leidet manchmal sowohl deswegen als auch dadurch, daß unsere Geschmacksnerven in der trockenen Unterdruckluft an Bord nicht mehr so empfindsam sind. Darüber hinaus neigen Magen und Darm in größeren Höhen dazu, sich aufzublähen, und ein sehr proteinhaltiges Essen macht das nicht besser. Außerdem werden die Mahlzeiten an Bord häufig so früh wie möglich serviert, so daß die Crew sich anderen Aufgaben widmen kann. Der Rat von Ernährungsfachleuten und Vielfliegern lautet folgendermaßen:

⇛ Entscheiden Sie sich für einfache, kohlehydrathaltige Mahlzeiten, vermeiden Sie zuviel Fleisch oder schwere Saucen.
⇛ Früchte und Gemüse sind eine gute Wahl.
⇛ Nehmen Sie ihr eigenes Essen mit, wenn Sie befürchten, daß die Auswahl an Bord begrenzt und ungesund sein wird; das gestattet Ihnen auch, dann zu essen, wenn Sie das Bedürfnis dazu verspüren oder es für Ihre innere Uhr günstig ist.
⇛ Nehmen Sie leichtes Essen zu sich; schließlich werden Sie während des Fluges herzlich wenig zu tun haben.
⇛ Wenn Sie Ihren Verdauungsrhythmus umzustellen versuchen, indem sie fasten und während der Reise auf feste Nahrung verzichten, sollten Sie daran denken, genug Flüssigkeit zu sich zu nehmen.
⇛ Essen Sie, wenn Ihnen danach ist, und nicht, wenn man etwas vor Sie hinstellt.
⇛ Vermeiden Sie Alkohol, Tee, Kaffee und Sprudelgetränke wegen der damit verbundenen Dehydrierung, Blähungen und des verstärkten Drangs, die Toilette aufsuchen zu müssen. Stilles Mineralwasser oder Säfte sind vorzuziehen.
⇛ Eine Mahlzeit oder ein Snack mit hohem Proteinanteil nach der Ankunft kann dann Ihren Energiespiegel in die Höhe schnellen lassen.

⇛ Manche Flugreisende meinen, daß frischer Möhrensaft nach der Reise einige Folgen des Jetlags mildert.

Verschaffen Sie sich etwas Bewegung

Lange Perioden der Unbeweglichkeit und des Eingezwängtseins auf dem Platz an Bord eines Flugzeugs sind dem physischen und psychischen Wohlbefinden nicht gerade zuträglich. Immerhin beginnen Reisende ihr Unternehmen mit einigem Aerobic-Einsatz: mit Gepäckstemmen, langen Fußmärschen in den Terminals und manchmal mit einem Sprint zum Abfluggate. Viele Passagiere klagen über steife Muskeln und andere körperliche Schmerzen, wenn sie unter Jetlag leiden. Außerdem entdeckten Ärzte das sogenannte »Economy Class-Syndrom«: Bei einigen Passagieren an Bord eines Flugzeugs besteht die erhöhte Gefahr, daß sich Blutgerinnsel bilden, und viele leiden unter Blutstauungen im Knöchelbereich, wodurch das Gehen erschwert wird.

Wenn Sie an Ihrem Platz sitzen, sollten Sie einige Streck- und Dehnübungen machen und sich von Zeit zu Zeit etwas Bewegung verschaffen. Auf jeden Fall sollten Sie zuvor mit Ihrem Arzt sprechen. Machen Sie Drehbewegungen mit Ihren Füßen, strecken Sie Arme und Beine, ziehen Sie den Bauch ein und kreisen Sie mit den Schultern. Wenn es gestattet ist, gehen Sie im Flugzeug auf und ab und machen ein paar Kniebeugen. Diese Übungen unterstützen die Blutzirkulation, bekämpfen die Müdigkeit und stärken Ihre Aufmerksamkeit für den Zeitpunkt der Ankunft.

Jetlag ist bestenfalls unangenehm, im schlimmsten Fall ein Erschöpfungszustand. Er macht sich gerade dann bemerkbar, wenn man hofft, sich vom Flug erholen zu können. Flugreisende können sich selber helfen, die Auswirkungen zu mildern und besser mit einigen der unerfreulichen Symptome zurechtzukommen. Die Schritte gegen Jetlag, die sich vor, während und nach dem Flug durchführen lassen, sollten dem Leser zeigen, daß er seine physischen und psychischen Reiseerfahrungen positiv zu beeinflussen vermag, wenn er dem Jetlag zuvorkommt und seiner Wirkung begegnen kann. Gleichzeitig lassen sich andere Aspekte des Fluges besser unter Kontrolle bringen, wodurch das gesamte Erlebnis positiver wird.

Kapitel 6

Auswirkungen von Flugreisen auf eine Partnerschaft

Fast immer beeinflußt Reisen eine Partnerschaft, gleichgültig, ob man allein oder zusammen verreist. Man sagt, eine Reise würde mehr Vergnügen bereiten, wenn der Partner oder Freund bzw. die Freundin mitfliegt. Eine weitere weitverbreitete Vorstellung ist, daß Beziehungsprobleme durch eine Reise gelöst oder gemildert werden können. Dabei vergessen manche Menschen, welche Folgen eine Reise auf eine Beziehung oder auf die, die zu Hause bleiben, haben kann. Dieses Kapitel befaßt sich mit einigen der Auswirkungen von Flugreisen auf Familie und Partner und schlägt einige Strategien vor, mit denen sich den Folgen begegnen läßt.

Reisen als Flucht vor Beziehungsproblemen

Beziehungen werden unvermeidlich von einer Reise beeinflußt, unabhängig von deren Anlaß. Bei einigen kann sich das positiv auswirken, während bei anderen eine bereits gestörte Beziehung noch mehr in Mitleidenschaft gezogen wird. Es ist nicht bekannt, wie oft Reisen unternommen werden, um Partnerschaftsproblemen zu entfliehen. Manche Geschäftsreisen kommen sehr gelegen, weil sie das Geschäftliche mit der Möglichkeit verbinden, sich dem Trott, der Langeweile und der gespannten Atmosphäre daheim zu entziehen. Wie wir wissen, zerbrechen Ehen und Partnerschaften heutzutage immer häufiger. Eine von drei Ehen in Großbritannien wird geschieden, und bei den Zweitehen liegt die Zahl sogar noch darüber. In der Tat haben die meisten – und sei es nur indirekt – schon Erfahrungen mit einer gefährdeten Beziehung gemacht.

Typisch ist zum Beispiel das Szenarium, in dem sich der eine Partner, meistens die Frau, beklagt, für die Beziehung bleibe nicht genug Zeit übrig. Ist der Mann der Hauptverdiener, wirft sie ihm mitunter vor, er sei zu oft fort und die Arbeit sei ihm wichtiger als sie. Er seinerseits hält dagegen, sie schätze nicht, was er mit seiner harten Arbeit alles für sie tue.

Für manche Paare wäre die Lösung, mehr Zeit miteinander zu verbringen. Bei anderen dagegen kann eine Zeit der Trennung das Zusammensein intensivieren, vorausgesetzt, beide sind sich der Zuneigung und Treue des anderen sicher.

Fallstudie

Nach Meinung ihrer Freunde hatten Sarah und John »alles, was man sich wünschen kann«. Sie waren ein attraktives, erfolgreiches Paar in den Dreißigern und hatten zwei Söhne, zwei und vier Jahre alt. John war Finanzdirektor in einem mittleren Unternehmen und reiste sehr oft geschäftlich in den Fernen Osten. Seine Arbeit zwang ihn zu monatlichen Flügen, um an Meetings teilzunehmen. Sarah hatte ihren Job als Personalchefin nach der

Geburt des ersten Sohnes aufgegeben. Sie vermißte die Anregungen ihres Jobs zwar, hielt es aber für wichtig, zumindest so lange daheim zu bleiben, bis beide Jungen zur Schule gingen.

Obwohl sie John bei seinen Bestrebungen, sich die Karriereleiter hinaufzuarbeiten, unterstützte, fühlte sie sich doch aus seinem Leben ausgeschlossen. Während sie früher stundenlang gemeinsam über seine Arbeit gesprochen hatten, entgegnete er jetzt fast immer, er sei zu müde für eine Unterhaltung nach all dem Streß und den Unannehmlichkeiten seiner Reise. Dies wiederum verstimmte und ärgerte Sarah. Sie sah zwar ein, daß ihr Wunsch nach mehr Intimität angesichts Johns offensichtlicher Müdigkeit nach jeder Reise vielleicht unvernünftig war, doch sie befürchtete auch, daß ihre Ehe in Gefahr geraten könnte, wenn sie einander nicht näher waren. Sie fragte sich langsam, ob John eine Affäre hatte, da er an ihr so desinteressiert zu sein schien. John dagegen freute sich einerseits darauf, verreisen zu können, hatte aber andererseits ein schlechtes Gewissen, weil er so viel fort war, zumal die beiden Jungen Sarah stark beanspruchten. Er mochte das Aufregende am Fliegen, auch wenn er es manchmal als extrem anstrengend und stressig empfand, vor allem, wenn er unter Zeitdruck stand und es zu Verspätungen kam. Er sah in seinen Vielflieger-Bonusmeilen einen Anreiz, dafür gelegentlich einmal eine Reise zusammen mit seiner Familie machen zu können. Trotzdem ging ihm, kaum war er wieder zu Hause, Sarahs Genörgel auf die Nerven, und vor kurzem war er dazu übergegangen, einen oder zwei Tage an seine Geschäftsreisen anzuhängen. Sich selbst gegenüber rechtfertigte er dies damit, zuerst einmal abschalten zu müssen, bevor er wieder in die häusliche Umgebung zurückkehren könne.

Das Beispiel von John und Sarah spiegelt das Zerstörungspotential in einer Ehe wider, das teilweise durch häufige Abwesenheiten entstehen kann. Es verdeutlicht auch das Risiko, das der Rat an Ehepartner birgt, »doch einmal zusammen zu verreisen«, um eine gefährdete Beziehung zu kitten. Dieser Rat ist gut, wenn der Urlaub zu einer Verbesserung der Kommunikation und zu einer Vertiefung der Intimität führt. Häufig ist das Ergebnis jedoch eine zerbrochene Partnerschaft, weil statt dessen verborgene Ressentiments aufgedeckt und durch gegenseitiges Unverständnis in einen offenen Krieg verwandelt werden. »Reparaturreisen« verlangen äußerste Vorsicht, wenn sie einzig oder teilweise deswegenunternommen werden, um Partnerschaftsproblemen zu entkommen.

Fragen zu Reisen und Partnerschaft

Es folgen ein paar Fragen, über die nachzudenken sich vielleicht lohnt, insbesondere, wenn Ihnen das Beispiel von Sarah und John bekannt vorkommen sollte. Denken Sie gut über Ihre Antworten nach, und versuchen Sie dann, sich vorzustellen, welche Ansichten Ihr Partner dazu haben mag. Vielleicht finden Sie sogar die Gelegenheit und den Mut, die Fragen offen zu Hause zu diskutieren.

- ⇛ Wie wichtig ist Reisen für Ihre Arbeit?
- ⇛ Wie wichtig ist diese ganz bestimmte Reise für Ihre Arbeit?
- ⇛ Was für Konsequenzen hätte es für Ihre Arbeit, wenn Sie beschließen, nicht zu fliegen?
- ⇛ Was wären die Probleme und Konsequenzen für Ihren Partner, wenn Sie fliegen?
- ⇛ Kann es sein, daß Sie sich der häuslichen Situation zu entziehen versuchen? Wenn ja, wovor genau versuchen Sie zu fliehen?
- ⇛ Wie ausführlich sprechen Sie mit Ihrem Partner über die Notwendigkeit Ihrer Reisen?
- ⇛ Welchen Anteil hat Ihr Partner an Ihren Reiseplänen?
- ⇛ Was spielt sich daheim ab, wenn Sie unterwegs sind?
- ⇛ Was würde geschehen, wenn in Ihrer Beziehung der gewisse »Funke« erlischt?

Auch wenn sich beide Partner einig sind, daß Reisen notwendig sind und für die Partnerschaft kein Risiko darstellen, ist es doch ratsam, von Zeit zu Zeit zu überprüfen, ob sich dies nach wie vor so verhält. Schließlich steigern sich Reisestreß und seine Auswirkungen auf die Familie gegenseitig. Was zu einem gewissen Zeitpunkt in einer Partnerschaft funktioniert hat, muß einige Jahre später nicht genauso klappen, wenn sich die Beziehung und die Familienumstände vielleicht geändert haben. Das Beispiel von Ken und Linda zeigt uns dieses Dilemma.

Fallstudie

Sie lebten zusammen, seit sie sich vor elf Jahren an der Universität kennengelernt hatten. Ken war ein erfolgreicher Journalist, der in der Welt herumreiste und aus Kriegsgebieten Bericht erstattete. Linda arbeitete als Wissenschaftlerin in der Forschung und war in der Pharmaindustrie tätig. Sie betrachteten sich beide als ehrgeiziges Paar mit Doppelkarriere, das sich sehr zugetan war, obwohl sie recht unabhängig voneinander lebten. In der Praxis sah das so aus, daß Ken Linda oft nicht erzählte, wann er wohin verreiste. Umgekehrt informierte Linda ihn auch nicht, wenn sie bis spät im Labor zu tun hatte.

Einige Jahre ging das ganz gut so. Beide interessierten sich sehr für das, was der andere jeweils in der Zwischenzeit getan hatte, und auch mit dem Sex klappte es einfach großartig. Aber diese beiderseitige Zufriedenheit nahm ein Ende, als das erste Kind geboren wurde, auch wenn es ein Wunschkind war. Sie hatten gehofft, daß sich an ihrem aufregenden Leben bei entsprechender Organisation nichts würde ändern müssen. Doch Linda, die sich hauptsächlich um den Sohn Tom kümmerte, merkte, daß sie Ken nicht nur seine häufige Abwesenheit übelzunehmen begann, sondern auch seine mangelnde Rücksichtnahme, wenn er ihr nicht sagte, wann er fort sein würde. Ken ahnte nichts von Lindas Verstimmung. Erst Kens Mutter brachte das Thema per Zufall zur Sprache, als sie Ken in Lindas Anwesenheit in aller Unschuld fragte, wann seine nächste Reise sein würde, und meinte, daß er an Toms erstem Geburtstag unbedingt zu Hause sein sollte. Linda brach in Tränen aus und rannte aus dem Zimmer. Ken ging ihr nach, und schließlich sprachen sie sich bis tief in die Nacht hinein aus. Linda konnte Ken sagen, wie allein gelassen sie sich vorkam, und er hatte Verständnis für ihre Gefühle. Er war einverstanden, Linda über seinen Terminplan zu informieren, und wollte sich bemühen, öfter daheim zu sein. Sie kamen überein, eine Kinderbetreuung zu finden, anstatt sich nur auf improvisierte Abmachungen mit Lindas Mutter zu verlassen, so daß Linda mehr Zeit für ihre Arbeit hatte. Sie einigten sich auch darauf, einander mitzuteilen, wenn diese Abmachung einem von ihnen Probleme bereiten sollten, um keine Spannungen aufkommen zu lassen.

Flucht vor Partnerschaftsproblemen – ein Partner bleibt allein

Die Geschichte von Ken und Linda zeigt, wie wichtig es ist, die »Regeln« und Bedingungen in einer Partnerschaft immer wieder abzuklären, und zwar besonders an wichtigen Stationen in deren Entwicklung. Zunehmende Distanz zwischen zwei Partnern kann zu abnehmender Vertrautheit führen. Es zerbrechen mehr Beziehungen an Gleichgültigkeit und Desinteresse als an Zank und Streit. Vor allem Piloten und Angestellte von Fluggesellschaften, Geschäftsleute, Journalisten, Medienkünstler, Militärangehörige und andere, deren Arbeit mit häufigen Reisen verbunden ist, sind gefährdet. Untersuchungen befassen sich allerdings eher mit jenen, die verreisen, und mit deren Streß, als mit denen, die zu Hause bleiben. Die Scheidungsraten liegen nachweislich höher, wenn die Ehepartner oft getrennt sind. Die geographische Entfernung wird auch als häufigster Grund für das Ende einer Freundschaft angegeben, vor allem zwischen Männern. Frauen scheinen davon weniger betroffen zu sein, ihnen gelingt es besser, die Freundschaft mit anderen Frauen auch über eine gewisse Entfernung aufrechtzuerhalten. Solche Freundschaften können sich als Unterstützung erweisen und intime Beziehungen zu erhalten helfen.

Ehepartner »auf Zeit«

Das Getrenntsein vom Ehepartner, von Freunden, von daheim und der Familie ist ein wesentlicher Faktor für Reisestreß, sowohl für den Reisenden als auch für denjenigen, der zu Hause bleibt. Psychologen haben bestimmte Verhaltensmuster ausgemacht, die in Beziehungen auftreten, wo ein oder beide Partner oft verreisen. Zu diesen Verhaltensmustern, die allgemein als »Ehepartner auf Zeit«-Syndrom bezeichnet werden, gehören einige der folgenden.

Spannungen vor dem Flug

Auch wenn der verreisende Partner Spannungen anders empfindet als der daheim bleibende, so sind unterschwellige Befürchtungen oder Niedergeschlagenheit bei beiden das Resultat einer Angst vor der Trennung. Räumliche Trennung von Familie, Freunden und der gewohnten Umgebung kann zu einem Verlust der emotionalen Stabilität führen. Die durch eine drohende Trennung hervorgerufene Empfindung kann Spannungen erzeugen, sowohl beim einzelnen wie auch zwischen den Partnern, und zu Streit oder Abkapselung führen. Häufige Abwesenheit untergräbt leicht das Gefühl der Zusammengehörigkeit mit Familie, Freunden oder der Nachbarschaft und kann allmählich ein Gefühl der Entfremdung bewirken.

Mögliche Auslöser von Spannungen vor einer Reise auf seiten des Verreisenden sind: die Notwendigkeit, ein geschäftliches Treffen mit unbekannten Kollegen in einem fremden Land organisieren zu müssen, die Furcht vor geschäftlichen Problemen während der Abwesenheit oder vor Problemen mit Anschlußflügen auf der Reise, wie auch die Sorge, wie die Familie während der eigenen Abwesenheit zurechtkommen wird. Vor allem Männer leiden unter diesen Spannungen und ihren Folgen, denn Untersuchungen haben ergeben, daß sie es eher vermeiden, ihre Sorgen mit der Partnerin zu teilen, besonders wenn sie sie für alltägliche Vorkommnisse und Ärgernisse halten.

Während der Abwesenheit

Die Person, die daheim bleibt, reagiert häufig nach einem der folgenden Muster:

⇛ Mit einem Gefühl der Verlassenheit und Verunsicherung, was zu Depressionen oder Ängsten führen kann: ›Ich komme mir vor wie ein alleinerziehender Elternteil, ich muß mich ganz allein um alles kümmern, wenn der Partner weg ist, und wenn er wiederkommt, ist er zu müde, um auch einmal etwas zu tun.‹

⇛ Mit einer Gefühlsmischung aus Erleichterung und Verlassensein: ›Auch wenn ich mich einsam fühle, wenn er weg ist, so kann ich mich doch einmal um meine Interessen kümmern, ohne auf seine Bedürfnisse Rücksicht nehmen zu müssen.‹

⇛ Mit Erleichterung: ›Es gibt so viele Spannungen zu Hause, daß ich jedesmal tief aufatme, wenn er fortfährt.‹

Die Pflege einer Beziehung, auch aus der Entfernung, vermag die schädlichen Einflüsse häufiger Reisen zu mindern. Mit modernen Kommunikationsmitteln lassen sich nicht nur Informationen übermitteln oder alltägliche Ereignisse erzählen, sondern auch Gefühle austauschen. Briefe, Telefon, Fax und E-Mail können also auch eingesetzt werden, um Gefühle mitzuteilen oder sich nach denen von Freunden und Familie zu erkundigen.

Bei der Heimkehr

Die Wiedereingewöhnung eines »Ehepartners auf Zeit« bei sich zu Hause kann sowohl ihm wie auch der daheim gebliebenen Person Probleme bereiten. Mißverständnisse erwachsen im allgemeinen aus unterschiedlichen und unausgesprochenen Erwartungen. Die Partnerin zu Hause wünscht sich möglicherweise, der Heimkehrer würde sich sofort in die häusliche Routine einfügen. Immerhin hat sie sich um den Haushalt, die Kinder und ihren Job kümmern müssen und würde vielleicht ihre Sorgen ebenso wie die freudigen Erlebnisse aus der Zwischenzeit gern mit dem Partner teilen. Der Partner andererseits ist vermutlich erschöpft, leidet unter Jetlag und verspürt deshalb nicht die geringste Neigung, sich angeregt zu unterhalten oder über Probleme mit den Kindern, den Schwiegereltern oder der Bank zu diskutieren. Mit etwas Zeit zum Atemholen, ohne Zwang von irgendeiner Seite, können beide Partner wieder auf die gleiche Wellenlänge kommen. Hilfreich wäre dabei auch, wenn sie ungestört etwas Zeit miteinander verbringen könnten, ohne Kinder oder Familie. Diese Zeit sollte dann nicht nur mit der Erörterung von Problemen verbracht werden, sondern auch Spaß machen. Angesichts der gewaltigen Zunahme der Zahl von Flugreisenden dürften immer mehr Menschen mit der einen oder anderen Variante des »Ehepartners auf Zeit« ihre Erfahrungen machen. Oft ist die Heimkehr der schwierigste Teil einer Reise, ganz besonders, wenn unrealistisch hohe Erwartungen von Romantik und Intimität damit verbunden sind. Wenn in einer Partnerschaft unterschiedliche Erwartungen bestehen, kann das zu Enttäuschungen führen, was wiederum zusätzliche Belastung bedeutet. Wenn das Intimleben unter häufigen Abwesenheiten leidet, besteht das Risiko von außerehelichen Beziehungen. Der oft abwesende Partner stellt dann vielleicht fest, daß seine Partnerin eine Affäre hatte oder die Beziehung wegen seiner ständigen Abwesenheit beenden möchte. Aber auch er mag sich aus sexuellen oder anderen Gründen nach jemand anderem umschauen, sei es auf der Reise oder nach der Rückkehr. Wenn ein Paar nicht in der Lage ist, eine Lösung für seine Probleme zu finden, dann sollte der nächste Ausflug besser zu einer Eheberatungsstelle oder zu einem Fachtherapeuten führen.

Zu den Strategien, mit denen man dem »Ehepartner auf Zeit«-Syndrom begegnen kann, gehört:

⇛ seiner Entwicklung und dem Druck zuvorzukommen und gemeinsam darüber zu sprechen;
⇛ während des Getrenntseins in Kontakt zu bleiben, und sei es auch nur, indem man »Hallo« oder »Ich denke an dich« sagt;
⇛ Erwartungen in emotional besonders stark belasteten Momenten, wie denen der Trennung oder Heimkehr, zu zügeln;
⇛ sich Zeit zu lassen, wieder auf eine gemeinsame Wellenlänge mit dem Partner und der Familie zu finden.

Gemeinsam fliegen

In einer gefestigten Beziehung kommen die Partner im allgemeinen gut mit Widrigkeiten zurecht, wozu auch der Streß einer Flugreise gehört. Bei einigen Beziehungen kann dieser Streß jedoch bestehende Partnerschaftsprobleme erst recht ans Licht bringen, wodurch eine schwierige Flugreise dann schnell zu einem Alptraum wird. Wenn man die einzelnen Komponenten einer solchen Reise genau unter die Lupe nimmt und die damit verbundenen Probleme beiden Partnern bewußt werden, läßt sich ein Weg finden, etwas dagegen zu tun. Folgende Überlegungen können dazu als Anhaltspunkt dienen:

Grund des Flugs

Was ist der Grund dieser Flugreise für Sie und für Ihren Partner? Handelt es sich um

- ⇛ eine normale Urlaubsreise;
- ⇛ einen besonderen Urlaub (als Geburtstags- oder Jubiläumsüberraschung);
- ⇛ eine Geschäftsreise eines oder beider Partner;
- ⇛ eine Verbindung von Geschäftsreise und Urlaub oder
- ⇛ einen Langstreckenflug an einen exotischen Ort als einmaliges Erlebnis?

Was erwarten Sie von diesem Flug? Sehen Sie ihn als

- ⇛ Vergnügen, Spaß;
- ⇛ notwendigen, langweiligen Teil des Geschäftslebens;
- ⇛ eine Gelegenheit, wieder einmal zum Lesen/Schreiben/Nachdenken/Pläne machen zu kommen;
- ⇛ eine Chance, neue Freunde zu gewinnen;
- ⇛ eine Möglichkeit, die Sorgen zu vergessen;
- ⇛ das rascheste Transportmittel, um von A nach B zu kommen, oder

⇛ den Beginn einer Lösung von Partnerschaftsproblemen?

Sobald Sie sich über den Grund für die Flugreise und Ihre Erwartungen im klaren sind, ist die Wahrscheinlichkeit, enttäuscht zu werden oder gar versuchen zu wollen, ein Problem »falsch« anzugehen, geringer.

Fallstudie

Für John und Sarah bedeutete der Flug nach Los Angeles nicht dasselbe. John sah darin die Möglichkeit, eine Geschäftsreise mit ein paar Tagen Freizeit (drei hatte er geplant) zu verbinden, die er mit Sarah verbringen konnte. Obwohl er hoffte, daß sie beide etwas besser miteinander auskommen würden, freute er sich nur halb auf diese Tage. Für Sarah dagegen war die Reise eine Gelegenheit, sich der ungeteilten Aufmerksamkeit von John sicher sein zu können. Sie flog nicht gerne, aber sie freute sich auf die Woche, die sie nach der Erledigung seiner Geschäfte füreinander haben würden. In dieser freudigen Erwartung hatte sie sexy Unterwäsche gekauft und sich einen teuren neuen Haarschnitt geleistet.

Vorbereitungen für die Flugreise

Wenn es in einer Beziehung Spannungen gibt, können selbst die alltäglichsten Vorbereitungen für einen Flug in Streit ausarten. Bei John und Sarah gingen diese Vorbereitungen noch nicht einmal von denselben Annahmen aus:

Jeder von ihnen erwartete etwas anderes von der Reise und hatte unterschiedliche Vorstellungen davon, wer was zu erledigen hatte. John ging davon aus, daß Sarah die Flüge buchen würde, während Sarah hoffte, John würde sie mit Tickets für die Business-Klasse und einem Aufenthalt in einem romantischen Hotel überraschen. Zehn Tage vor Abreise eskalierte die Angelegenheit, als John Sarah ganz nebenbei fragte, wie es mit ihren Vorbereitungen stünde, da er seine Termine genau planen mußte. Der Streit wurde hitzig, als jeder dem anderen vorwarf, aneinander vorbei zu agieren. John meinte, daß er nach seinen Geschäftsterminen bloß zwei Tage Zeit für einen Urlaub hätte, und fragte Sarah, was sie sich dabei gedacht hätte, mit so einer lächerlichen Frisur mit ihm verreisen zu wollen! Sie begann zu weinen und entgegnete, er nehme niemals Rücksicht auf ihre Gefühle und Bedürfnisse.

Das Beispiel von John und Sarah zeigt, wie schnell Beziehungsprobleme in andere Bereiche überschwappen, die dann ebenfalls problematisch werden. Ganz anders dagegen sieht es bei Dave und Jill aus:

Fallstudie

Dave und Jill waren seit 30 Jahren verheiratet. Sie hatten drei erwachsene Kinder und vier Enkelkinder. Dave wurde vor kurzem aus seinem Job als Autoverkäufer entlassen und beschloß deshalb zusammen mit Jill, mit einem Teil seiner Abfindung den Urlaub ihres Lebens zu machen. Stundenlang blätterten sie gemeinsam in Ferienkatalogen. Jill war für eine Fotosafari in Afrika, während

Dave einen Abenteuerurlaub mit Tiefseetauchen bevorzugte. Schließlich kamen beide zu einem Kompromiß und waren mit ihrer Lösung zufrieden. Sie wollten nun nach Australien, wo Dave tauchen konnte und sie danach in den Regenwäldern die Tierwelt beobachten würden. Sie teilten sich die Aufgaben zur Vorbereitung und erledigten sie. Für sie bestand ein Teil der Freude schon in der gemeinsamen Planung.

Auf dem Flughafen

Allgemeines zu Flughäfen ist in Kapitel 4 beschrieben worden. In diesem Abschnitt geht es um die Auswirkungen von Flughafenstreß auf ein Paar. Wie schon erwähnt, reagieren Einzelreisende unterschiedlich auf diesen Streß, und bei Partnern können sich ihre individuellen Spannungen kumulieren und ganz beträchtliche Ausmaße annehmen. Wer hat nicht schon einmal ein müde und mitgenommen aussehendes Ehepaar gesehen, das zum Abfertigungsschalter hastete und dabei noch immer darüber stritt, wessen Fehler es war, daß trotz genauester Vorbereitung die Kofferschlüssel liegengeblieben waren und sie vergessen hatten, für die Katze zu sorgen? Dasselbe Paar wird wahrscheinlich an Bord weiter darüber streiten, wer am Fenster sitzen darf, wer vergessen hat, vegetarische Mahlzeiten zu bestellen, und nur in dem Bedauern einig sein, sich auf einem Nichtraucherflug zu befinden.

Als Sarah und John den Flughafen erreichten, konnten sie sich gerade noch dazu zwingen, höflich miteinander umzugehen. Ihre Anreise war wegen der Staus unterwegs noch stressiger geworden, und obendrein hatten sie, nachdem sie ihren Wagen geparkt hatten, lange auf den Bus zum Terminal warten müssen. Während der emotionalen und praktischen Vorbereitungen der Reise war es Sarah gelungen, sich nicht von den üblichen Bedenken plagen zu lassen, die sie sonst stets vor Flugreisen hatte. In der Abfertigungshalle jedoch fühlte sie sich ein bißchen schwach, etwas verschwitzt und spürte, wie schnell ihr Herz schlug. John wollte sie davon nichts sagen, denn sie fürchtete, er würde ihr bloß raten, ruhig zu bleiben. Sie beneidete ihn um die Gelassenheit, mit der er sich durch das Gewühl beim Check-in und im Duty-free-Laden bewegte und den ärgerlichen Sicherheitscheck über sich ergehen ließ. Sie kam zu der Ansicht, daß ein Drink ihr guttun würde, und so ging sie rasch zur Bar, wo sie drei Martinis trank, bevor sie zu John zurückkehrte. Mittlerweile hatte John bemerkt, wie bleich Sarah aussah, sagte aber nichts dazu. Er dachte, sie würde sich dann nur darüber beklagen, daß alles schieflaufe – angefangen von den Sitzen, die man ihnen zugewiesen hatte, bis hin zu dem Gedränge in der Abflughalle. Das würde ihn nur noch mehr gegen sie aufbringen. Außerdem würde er sich nutzlos vorkommen, weil er nie wußte, was er tun sollte, wenn Sarah weiß wie ein Laken wurde und zu hyperventilieren begann.

Sarah zeigt einige der üblichen physischen und emotionalen Angstsymptome, die der Streß und ihre Abneigung gegen das Fliegen hervorgerufen haben. Ihren Entschluß, zur Entspannung Alkohol zu sich zu nehmen, kann mindestens ein Drittel der Leute nachvollziehen, die unter Reiseängsten leiden. Wie viele andere ängstliche Reisende spricht sie mit niemandem über ihre Anspannung und sucht auch keine professionelle Hilfe. Außerdem versucht sie mit einem Beziehungsproblem fertig zu werden, indem sie mit ihrem Mann verreist, dabei ist er der letzte, mit dem sie über ihre Symptome sprechen will. Diese Kombination aus Unsicherheit in ihrem persönlichen Leben und Flugstreß hat Sarah nicht nur veranlaßt, Alkohol zu trinken, sondern auch ihre Gefühle und ihr Verhalten durcheinandergebracht.

Vorgehensweisen für Partner, um mit der Angst vor Flugreisen zurechtzukommen

Prävention: In Kapitel 3 wurden einige Strategien zur Bekämpfung von Flugangst vorgeschlagen, mit denen man der Angst zuvorkommen oder besser mit ihr umgehen kann. Meistens ist es eine Erleichterung für die unsichere Person, wenn der Partner von dieser Angst weiß und helfen kann. Wissen ist ein wichtiger Aspekt für Prävention. Flugangst ist keine Folge von Schwäche oder Dummheit.

Genaue Angaben zu den einzelnen Angstfaktoren: Die unsichere Person sollte möglichst früh vor dem Aufbruch zum Flughafen mit dem Partner über ihre Probleme beim Fliegen und in der Beziehung sprechen. Gerade wenn zwischen den Partnern Spannungen bestehen, ist es wichtig, hierbei offen zu sein. Zum Beispiel wäre es besser zu sagen: »Ich habe Angst, dich zu stören und daß du dich dann über mich ärgerst« als: »Ich hoffe, wir können uns beherrschen, auch wenn mir auf Flughäfen komisch wird und ich mich so schnell wie möglich werde hinsetzen wollen, wonach du mich wohl wieder ausschimpfen und die Beherrschung verlieren wirst, so wie letztes Jahr auf dem Flughafen in Athen.«

Klarheit: Versuchen Sie herauszufinden, was Sie von Ihrem Partner erwarten, falls die Spannungen zwischen Ihnen größer werden. Sie können zum Beispiel sagen: ›Egal, was passiert, laß uns ruhig bleiben und nicht gerade dann nach Fehlerursachen suchen, wenn es ohnehin schon Streß genug gibt.‹

Zusammenhalten: Arbeiten Sie gemeinsam an Ihren Beziehungsproblemen. Das kann sehr dazu beitragen, ihre Auswirkungen zu mindern.

Keine Vorwürfe: Vorwürfe zwischen Partnern sind kontraproduktiv. Auch wenn Sie der Meinung sind, daß vor allem der andere für die Probleme zwischen Ihnen verantwortlich ist, so ist es normalerweise wenig hilfreich, dies auszusprechen. Vorwürfe führen nur zu Gegenanschuldigungen und verschlimmern die Spannungen. Das behindert eine Auseinandersetzung mit den Problemen.

Nicht in Verlegenheit bringen: Versuchen Sie, einander nicht in Verlegenheit zu bringen oder zu beschämen, schon gar nicht vor anderen Leuten. In stressigen Situationen ist es besser, den Mund zu halten, als bissige Bemerkungen zu machen, die man später bereut.

Während des Fluges

Wenn ein Paar gemeinsam fliegt, muß jeder sowohl mit seinen eigenen Reaktionen wie auch mit denen des Partners zurechtkommen. Der Flugstreß verschlimmert sich erheblich, wenn dazu noch Beziehungsprobleme bestehen, und diese erschweren den Umgang mit Flugängsten und deren Bekämpfung.

Sarah fühlte sich benommen, als sie und John endlich ihre Plätze im Flugzeug erreichten. Sie bestand darauf, am Gang zu sitzen, so daß John sich auf den Mittelsitz zwischen Sarah und einem dicken Mann auf dem Fensterplatz zwängen mußte. Sarah bevorzugte den Sitz am Gang, weil sie sich dort weniger eingesperrt vorkam und die Toilette leichter erreichen konnte. John hätte am liebsten am Fenster gesessen, da er gerne hinaussah – immer wieder begeisterte ihn die Schönheit der Wolkenformationen und der Anblick der Gebirge. Um Nachsicht bittend, erklärte er der Flugbegleiterin, daß seine Frau Angst vor dem Fliegen hätte. Sarah wäre es jedoch lieber gewesen, er hätte nichts gesagt, da sie keine Aufmerksamkeit erregen wollte. Als sie sich setzte, zischte sie ihn laut an: »Warum mußtest du das sagen? Mir wird es gutgehen, solange ich nicht ohnmächtig werde oder mich übergeben muß.« Da es an Bord kaum Privatsphäre gibt, hörte dies ein Teenager in der Sitzreihe vor ihnen und meinte zu seiner Freundin: »So 'n Pech, ausgerechnet in der Nähe von so einer blöden Kuh zu sitzen, die kotzen wird.«

Die beengte Atmosphäre in einem Flugzeug kann selbst die nebensächlichsten Worte zwischen zwei Menschen dramatisieren. Selbst wenn Fliegen für viele Leute alltäglich ist, hat das Ganze etwas Theatralisches an sich: Das Verriegeln der Türen und die gedämpften Anweisungen an die Crew vor dem Start erscheinen wie der Auftakt zu einem Spiel, bei dem die Passagiere sowohl Zuschauer wie Teilnehmer sind. Mit diesem Auftakt können bei nervösen Personen Ängste ausbrechen oder sich verschlimmern. Es gibt kein Entkommen aus dem sich entwickelnden Drama, doch anders als im Theater kann man nicht einfach gehen, wenn einem die Vorstellung nicht zusagt. Die Menschen reagieren unterschiedlich auf Zwistigkeiten zwischen Partnern an Bord. Einige sind ganz gefesselt davon, als wenn sie einem Theaterstück zusehen würden. Was passiert wohl als nächstes? Andere dagegen stört es, dieser unerwünschten Konversation folgen zu müssen. Auch kann einem die Situation unangenehm sein, weil man unwillkürlich Partei für eine der streitenden Parteien ergreift oder hört, wie eigene heimliche Sorgen offen ausgesprochen werden.

Das Schließen von neuen Bekanntschaften an Bord eines Flugzeugs

Manchmal sprechen Menschen an Bord eines Flugzeugs ihrem Partner oder sogar völlig Fremden gegenüber Dinge aus, von denen sie sich auf dem Boden niemals träumen ließen, auch nur ein Wort darüber zu verlieren. Die fremde und ungewohnte Umgebung scheint die Atmosphäre eines Beichtstuhls zu vermitteln. Berichte darüber, daß der Sitznachbar alle möglichen zutiefst persönlichen Dinge von sich erzählt, sind nichts Ungewöhnliches. Die erzählende Person sagt sich wohl etwas wie: »Nun ja, ich werde dich nie wiedersehen; du siehst so teilnahmsvoll aus, und ich brauche jemanden, mit dem ich über meine Probleme sprechen kann.« Oder: »Ich fühle mich mutiger, und du gefällst mir, also werde ich dich ansprechen.« Auch wenn das selten einmal offen gesagt wird, so scheinen sich Flugpassagiere weniger an die üblichen Regeln gebunden zu fühlen, nach denen unsere Unterhaltung mit Fremden sonst verläuft. Gedanken an die Sterblichkeit und das Schweben in der Luft veranlassen Menschen, ihr Leben Revue passieren zu lassen und die Chance zu nutzen, es zu überdenken und neue Perspektiven zu entwickeln. Sich dem Sitznachbarn an Bord zu offenbaren oder sich auch nur mit ihm zu unterhalten kann für beide Seiten fruchtbar sein. Es vermittelt Interessantes während eines Langstreckenfluges, ist eine gute Ablenkung von Ängsten, kann zu Einfällen anregen, Spaß bereiten und mitunter auch zu neuen, dauerhaften Freundschaften führen. Oft jedoch scheinen diese intimen Gespräche nie stattgefunden zu haben, sobald man seinen Bestimmungsort erreicht hat. Beim Gepäckband sieht man nur wenige, die ihr Gespräch fortsetzen.

Einige Leute hingegen empfinden es als störend, wenn der Sitznachbar sich unterhalten möchte. Will man solche Gesprächsansätze unterbinden, kann man versuchen, unbeirrt mit seiner Lektüre fortzufahren, Augenkontakt zu vermeiden, einsilbige Antworten zu geben oder die Kopfhörer aufzubehalten; wenn das alles nichts nützt, kann man vorgeben, nicht dieselbe Sprache zu sprechen wie die lästige Person.

Stimmungstiefs und das Fliegen

Auch wenn ein Paar gemeinsam Urlaub macht, ohne daß es darum geht, eine Beziehung zu kitten, so ist doch Vorsicht angebracht, wenn irgendwelche Stimmungstiefs bestehen, wie uns das folgende Beispiel zeigt.

Fallstudie

Peter und Sue hatten beschlossen, in die Wärme zu fliegen, um etwas gegen Peters winterliche Depressionen zu tun. Es war ihr erster gemeinsamer Winter, nachdem Peter sich sieben Monate zuvor von Anne hatte scheiden lassen. (Anne hatte die Scheidung schon drei Jahre früher gewollt, während Peter immer noch versucht hatte, die Ehe zu retten.) Er hatte Sue schon bald nach seiner Scheidung in einem Singles-Klub kennengelernt, und kurz darauf waren sie zusammengezogen.

Sue wußte, daß Peter sich immer etwas niedergeschlagen fühlte, wenn die Winterabende länger wurden, und wünschte sich, daß ihr erster gemeinsamer Winter eine schöne Erinnerung werden würde, da sie immer noch spürte, wie Annes Schatten über ihrer Beziehung lag. Peter seinerseits wünschte sich von ganzem Herzen, daß mit Sue alles glatt verlaufen würde, und willigte gerne ein, mit ihr zu verreisen. Er war dankbar, weil sie so verständnisvoll auf seine Niedergeschlagenheit reagierte, auch wenn er sich manchmal wie ein kleiner Junge vorkam, der von seiner Mutti betreut werden mußte. Um sein Selbstwertgefühl zu stärken, nahm er die von der Flugbegleitung angebotenen Drinks an. Ein wenig beunruhigt beobachtete Sue, wie Peter immer depressiver zu werden schien, je mehr er trank, und schließlich begann er, haltlos zu weinen. Als Sue verzweifelt versuchte, ihn zu beruhigen, begann er darüber zu klagen, was für ein Verlierer und lausiger Ehemann er doch sei, daß er lieber tot wäre, und fragte sich laut, wie ihn eine Frau überhaupt lieben könne.

Nachgewiesenermaßen kann sich eine Veranlagung zur Depression verschlimmern, wenn sich im Leben eines Menschen außergewöhnliche Vorkommnisse häufen. Außerdem kommen manche depressive Menschen nicht gut mit raschen sozialen Veränderungen oder solchen der Umgebung zurecht. Im vorliegenden Beispiel hatte Peter, der ohnehin schon zu Depressionen neigte, sich mit zwei wichtigen Ereignissen in seinem Leben auseinanderzusetzen: mit seiner kürzlich erfolgten Scheidung und dem Beginn einer neuen Beziehung. Dazu kam, daß er mit Sue von Osten nach Westen flog, was, wie ebenfalls erwiesen ist, zu einem deutlichen Anstieg depressiver Neigung bei entsprechend veranlagten Menschen führt. Exzessiver Alkoholkonsum verstärkt die Depressionen noch, auch wenn Alkohol meistens eingenommen wird, um die Symptome der Depression zu vertreiben. Sue ihrerseits war am Ende ihrer Weisheit angelangt, und je mehr sie sich um Peter Sorgen machte, um so schriller und lauter wurde ihre Stimme. Bei Depressionen (oder einer Neigung dazu) sollte man:

⇛ die Fluglänge begrenzen, vor allem, wenn es von Ost nach West geht (da anfällige Personen dazu neigen, noch depressiver zu werden, wenn sie von Osten nach Westen fliegen);
⇛ erwägen, von Flugreisen abzusehen, wenn man selbst oder der Partner innerhalb des letzten Jahres von mehr als zwei schwerwiegenden Erlebnissen betroffen war (z. B. Todesfälle, Scheidung, Krankheit, Umzug);
⇛ mindestens zwei Wochen vor einer Flugreise mit dem Hausarzt über die Einnahme von Antidepressiva sprechen (viele Antidepressiva brauchen mindestens zwei Wochen, bis sie zu wirken beginnen);
⇛ seinen Alkoholkonsum einschränken, vor allem, wenn man Antidepressiva einnimmt, da deren Wirkung durch Alkohol gesteigert wird, was zu extremer Müdigkeit oder emotionaler Instabilität führen kann;
⇛ mit seinem Partner vor dem Flug ausführlich über die Beziehung reden;
⇛ mit dem Partner noch vor der Abreise darüber sprechen, was im Fall verstärkter Depressionen helfen kann;
⇛ seine Stimme nicht erheben, in kurzen, klaren Sätzen reden und versuchen ruhig zu bleiben, wenn man seinem depressiven Partner helfen und ihn beruhigen möchte;
⇛ der Flugbegleitung den Vorfall erklären und fragen,

ob die Möglichkeit besteht, sich in eine weniger belebte Ecke zu setzen oder voneinander getrennte Plätze zu bekommen, wenn dies zur Beruhigung beitragen würde;

- sich auf wenige Worte beschränken, wenn man meint, den benachbarten Passagieren eine Erklärung für das depressive Verhalten des Partners schuldig zu sein, z. B.: »Er hat gerade eine schwierige Zeit durchgemacht«;
- den Partner und sich selbst auf die positiven Seiten dieses Fluges und der gemeinsamen Beziehung hinweisen, indem man über die Vorhaben am Bestimmungsort spricht, über besonders schöne Unternehmungen und andere positive Seiten der Gemeinsamkeit.

Affären auf Flugreisen

Sehr viel häufiger als von Stimmungsproblemen hört man von Affären auf Flugreisen oder von Begegnungen im Flugzeug, die in der Folge von Partnerschaftsproblemen daheim zu einer Liebschaft führen.

Es gibt keine zuverlässigen Angaben darüber, wie viele Menschen mit dem oder der Geliebten eine gemeinsame Flugreise unternehmen, oder auch über die Anzahl der Affären, die auf Flughäfen oder in Flugzeugen begonnen haben. Einem außerehelich verbundenen Paar, das nicht entdeckt werden will, mag eine Flugreise relativ »sicher« scheinen. Die meisten Flughäfen sind weitläufig, und die Anonymität scheint leicht zu wahren. Reisen können eine Affäre verbergen helfen. Nicht viele Menschen, die heimlich mit ihrer Sekretärin verreisen, werden unter so öffentlichen Umständen entdeckt, wie 1976 jener israelische Geschäftsmann, dessen Flug nach Paris gekapert wurde und in Entebbe endete!

Was sind mögliche und verlockende Gründe für jemanden, das Fliegen mit einer Affäre zu verbinden?

⇛ Manche Menschen verreisen absichtlich, um eine Affäre zu ›provozieren‹ und so den häuslichen Problemen zu entkommen.
⇛ Reisen bringt uns mit einer großen Zahl von Menschen in Kontakt, was das Risiko oder die Chance einer Liebschaft vergrößert.
⇛ Beim Reisen machen viele Menschen ähnliche Erfahrungen, und so suchen gelangweilte, frustrierte oder empfindsame Menschen nach Bestätigung durch andere, denen es ebenso geht, und neigen dazu, sich näherzukommen.
⇛ Stundenlange Nähe zu jemandem, den man attraktiv findet, ist die ideale Voraussetzung für den Beginn einer Affäre.
⇛ Das Gerücht, wonach Flugbegleiter nicht nur Mahlzeiten und Getränke anbieten, sondern auch ein gewisses Entgegenkommen, wird von manchen Fluggesellschaften selbst gerne in ihrer Werbung aufgegriffen.
⇛ Die Anonymität auf Flughäfen und in Flugzeugen bietet eine sichere und günstige Voraussetzung für Affären.
⇛ Wenn ein Liebespaar sich »unsichtbar« wähnt, denkt

es schnell, seine sexuellen Aktivitäten seien gleichermaßen »unsichtbar«, und richtet sein Verhalten weniger nach den auf dem Boden gültigen »Regeln« aus. Die Erwartungen an diese Beziehung können sich in dem abgeschlossenen Raum noch steigern und das wortwörtliche Losgelöstsein von der realen Welt das Gefühl von Nähe verstärken. Die möglicherweise stressige Umgebung verleiht dieser Art von Bezie-hung vielleicht zusätzlichen Reiz. Ein weiterer psy-chologischer Mechanismus, der eine Affäre an Bord reizvoll erscheinen läßt, besteht in der unbewußten Verbindung des »Risikos« des Fliegens mit dem »Ri-siko« der Affäre.

Fallstudie

Sharon und Derek kannten sich bereits seit ungefähr sechs Monaten und arbeiteten in derselben Firma. Sharon, die direkte Vorgesetzte von Derek, war unglücklich verheiratet und hatte Derek von ihren Eheproblemen erzählt. Ihre Unterhaltungen waren immer intimer geworden, und seit zwei Monaten hatten sie ein Verhältnis miteinander.

Im Anschluß an eine Geschäftsreise planten sie einen zweiwöchigen Urlaub in der Karibik. Normalerweise war Sharon vor einem Start immer schlecht gelaunt und gereizt, während Derek sich von seiner Umgebung abschottete. Diesmal jedoch hatten beide sehr viel mehr Spaß am Fliegen. Sie hatten darüber gesprochen, wie es wäre, auf dem Flug miteinander Sex zu haben, und das Riskante an diesem Vorhaben machte ihre Affäre noch prickelnder. Als das Licht in der Kabine gelöscht wurde, fanden Sharon und Derek eine Möglichkeit, intim zu werden – das Risiko erhöhte nur noch den Reiz. Ihnen war bewußt, daß man sie hören konnte, aber die Leidenschaft machte sie ihren Mitreisenden gegenüber gleichgültig.

Wie wäre Ihnen zumute, wenn Sie in der Nähe von Sharon und Derek säßen und wenig Verständnis hätten für diese Art von Vergnügung? Wie bei vielen Arten von unsozialem und hemmungslosem Verhalten lassen manche Menschen ihren eigenen Überzeugungen freien Lauf und schaffen sich ihre eigenen Bedingungen. Wer jede Zurschaustellung von Intimitäten in der Öffentlichkeit ablehnt und darüber hinaus unter Flugstreß leidet, dürfte zu denen gehören, die sich durch eine Szene wie die oben geschilderte am meisten behelligt fühlen. So ein Benehmen widerspricht jeglicher Vernunft und kann sogar rechtliche Folgen wegen Erregung öffentlichen Ärgernisses nach sich ziehen. Nicht jeder teilt Sharons und Dereks Vorstellung von Vergnügen, das zudem gegen den geltenden Verhaltenskodex an Bord eines Flugzeugs verstößt. Kürzlich wurde ein Mann verurteilt, weil er fortfuhr, sich auf dem Flug pornographische Darstellungen auf seinem Laptop anzuschauen, obwohl man ihn aufgefordert hatte, den Computer auszuschalten. Will man sich beschweren, hilft es normalerweise schon, wenn man diskret hüstelt, um dem Paar zu verstehen zu geben, daß man sein Tun mitbekommen hat. Oder Sie sprechen mit Ihrem Nachbarn über dieses Verhalten und drücken dabei Ihr Mißfallen aus oder machen sich lustig über die beiden (wobei man dies zuerst zurückhaltend und amüsiert tun sollte). Sollte ein behutsames Vorgehen keinen Erfolg haben, sind heftigere Mittel zu erwägen. Sie könnten nach der Flugbegleitung rufen und diskret um Abhilfe bitten, das Licht anmachen oder dem Paar deutlich sagen, daß Sie sich gestört fühlen. Laute Beschimpfungen sind dabei selten erfolgreich. Besser ist da die klare Aufforderung, ihr Tun zu unterlassen, weil Sie so nicht schlafen oder lesen können.

Wir haben nun verschiedene Auswirkungen von Flugreisen auf eine Beziehung beleuchtet, von der Reiseplanung bis zur Heimkehr. Um negative Folgen zu mindern, sollten also folgende Punkte berücksichtigt werden:

⇛ Schwerwiegende Beziehungsprobleme lassen sich normalerweise nicht durch eine Flugreise beheben.
⇛ Verhaltensregeln und Aufgabenverteilung sollten die Partner vor der Abreise klären.
⇛ Die beiderseitigen Bedürfnisse und Erwartungen sollten offen angesprochen werden.
⇛ Seien Sie nachsichtig gegenüber den Flugproblemen Ihres Partners.

Kapitel 7

Fliegen mit Kindern

In den letzten Jahren hat sich nicht zuletzt wegen des Angebots an Pauschalreisen und der Preiskämpfe zwischen Fluggesellschaften die Zahl der Familien erhöht, die mit dem Flugzeug in den Urlaub reisen, und nur wenige Eltern meinen, daß Kinder ein Hinderungsgrund für Reisen sind. In unserer mobilen Zeit wird mehr experimentiert und weniger an rigiden Vorstellungen festgehalten, auch was das Reisen von Kindern betrifft. Tatsächlich verreisen immer mehr Kinder ohne Begleitung, und die meisten Fluggesellschaften haben sich besonders darauf eingestellt.

Zwar herrscht hinsichtlich der Preisgestaltung bei den Fluggesellschaften eine gewisse Einigkeit, das Serviceangebot für Familien mit Kindern ist jedoch sehr unterschiedlich. Auf einigen Flügen zahlt man für Kinder bis zu zwei Jahren beispielsweise nur einen geringen Prozentsatz des Ticketpreises für Erwachsene, vorausgesetzt, die Kinder werden von einer erwachsenen Person begleitet, die den vollen Preis bezahlt. Das bedeutet aber nicht unbedingt, daß den Kleinen dafür auch ein eigener Sitzplatz zugestanden wird, ebensowenig wie eine Mahlzeit oder Gepäck. Zwar sind viele Fluggesellschaften ziemlich nachsichtig, was das Handgepäck betrifft, das man wegen eines Kleinkindes oder Babys an

Bord nimmt, aber es ist trotzdem ratsam, abzuklären, ob es Beschränkungen für das Handgepäck gibt.

Sind alle praktischen Fragen geklärt, kann das Fliegen mit Kindern Spaß bereiten und der Reise eine besondere Dimension verleihen. Genausogut kann es aber auch eine Belastung sowohl für Kinder als auch für Eltern, andere Passagiere und die Flugbegleiter werden. Der erste Abschnitt dieses Kapitels untersucht daher die emotionalen und praktischen Aspekte von Flugreisen mit Kindern. Es gibt viele gute Bücher und Artikel mit wertvollen Ratschlägen, was zu beachten ist, wenn man mit Kindern verreist, aber zu den psychologischen Grundlagen dieser Reiseform ist bisher nur wenig publiziert worden. Immerhin ist vieles über die Entwicklung von Kindern bekannt, ebenso wie darüber, was in Familien abläuft, die unter Streß stehen. Dieses Wissen läßt sich auf die besonderen Probleme übertragen, die sich ergeben, wenn man mit Kindern fliegt.

Die Psychologie und das Fliegen mit Kindern

Bindung und fremde Umgebung

Seit dem bahnbrechenden Werk des Psychiaters und Psychoanalytikers Dr. John Bowlby über menschliche Bindungen weiß man von den möglichen schädlichen Auswirkungen einer Trennung auf die Entwicklung eines Kindes. In seinem Buch *Das Glück und die Trauer* untersuchte er Ängste, die nach Trennungen entstanden waren, sowie alltägliche Situationen, die angstauslösend wirken. Er kam zu dem Ergebnis, daß Furcht oft durch eigentlich ungefährliche Situationen ausgelöst wird, die wir als Warnung vor einer möglicherweise lauernden Gefahr begreifen. Als die Menschen noch in Höhlen lebten, war es unter gewissen Aspekten der Evolution sinnvoll, in gefährlichen Situationen Angst zu verspüren. In solchen Situationen wandten wir uns unwillkürlich an eine Bezugsperson, die uns Sicherheit gab und uns vor wilden Tieren beschützte. Diese Person wiederum reagierte auf die Furcht des abhängigen Individuums, indem sie ihren Schutz anbot. Es ist nicht zu weit hergeholt, diese Gedanken auf Situationen zu übertragen, in denen Eltern und ihre Kinder mit Problemen konfrontiert werden, wie sie häufig auf Flughäfen und in Flugzeugen zu beobachten sind.

Fallstudie

Suzie flog zum ersten Mal mit Laura, ihrer sechs Monate alten Tochter, nach Italien, um sich mit ihrem Partner Andy zu treffen, der sich aus geschäftlichen Gründen bereits dort aufhielt. Er sollte sie und Laura am Flughafen abholen, danach wollten sie sich mit Freunden am Meer treffen. Suzie war nicht ganz wohl bei der Aussicht, allein mit Laura zu verreisen, aber sie wollte kein Theater machen. Jeden Tag rief sie ihre Mutter an, um sie wegen des Babys um Rat zu fragen, denn Laura war recht schwierig, wollte nicht zur Ruhe kommen, schrie sehr viel und schien Suzie reichlich schreckhaft. Suzies Mutter meinte, Suzie wäre genauso gewesen, sie solle sich bloß nicht so anstellen und der Kleinen ihre Ruhe lassen.

Dieser wenn auch wohlgemeinte Rat gab Suzie das Gefühl, ihrer Rolle nicht gerecht zu werden. Obwohl sie alles tat, um sich auf den Flug vorzubereiten, und alles in dreifacher Ausführung mitnahm, gelang es ihr nicht, Laura zu beruhigen, als sie an Bord des Flugzeugs waren. Laura war unruhig und bereitete Suzie Sorgen, so daß sie sie ständig aufnahm und wieder in die Babytragetasche zurücklegte, die ihr die Fluggesellschaft zur Verfügung gestellt hatte. Sie war sich sicher, daß die Sitznachbarn von ihr und ihrer lärmenden Tochter die Nase voll hatten. Laura schien bei jedem ungewohnten Geräusch in der Kabine zu erschrecken, brüllte beim Start und bei der Landung und ließ sich nicht beruhigen. Suzie betete, daß der Flug bald enden möge, und wünschte, Andy wäre mit ihnen geflogen.

Dies ist ein Beispiel einer unsicheren Beziehung, die bei dem Baby in einer fremden Umgebung zu gereiztem Verhalten führt. Sehr leicht unterschätzt man den Grad der Verunsicherung, die eine Veränderung in der gewohnten Routine und der Umgebung mit sich bringt, selbst bei Babys und kleinen Kindern. Unter solchen Umständen ist es normal, wenn Kinder Beruhigung bei ihren Eltern suchen. Babys können dies nur, indem sie schreien, weinen oder unruhig sind. Wenn die Bindung an die Bezugsperson einen ängstlichen Charakter aufweist, dann ist es viel schwieriger für diese, die gewünschte Sicherheit zu vermitteln. Eine Bindung, in der die Ängste des Babys von der Mutter beschwichtigt werden können, vermittelt ein Gefühl von Geborgenheit und Sicherheit vor den angstauslösenden Eindrücken der Umgebung. Das soll nicht heißen, daß sich mit Kindern, die sich sicher und geborgen fühlen, immer gut verreisen läßt, denn die individuelle Persönlichkeit spielt eine wichtige Rolle. Das Verhalten eines Kleinkinds ist jedoch immer geprägt von der Qualität seiner Bindung zu seiner Bezugsperson wie auch von der Zusammensetzung der Familie.

Die Familie und ihre Zusammensetzung

Wir alle haben eine Vorstellung, was es bedeutet, in einer Familie das erst-, zweit- oder drittgeborene Kind zu sein. Nicht wenige haben sicherlich so manches Mal gesagt: »Das ist nicht fair«, wenn man sie ihrer Ansicht nach als jüngstes, ältestes oder mittleres Kind ungerecht behandelt hat. Manche glauben, daß die Rolle des Ältesten besondere Verantwortung und Privilegien mit sich bringt. Eltern sagen beispielsweise: »Er macht sich Sorgen, weil er der Älteste ist«, das heißt, gewisse persönliche Eigenschaften werden auf die geschwisterliche Rangfolge zurückgeführt. Dabei darf man aber wichtige Aspekte wie das Geschlecht, den Kulturkreis und die persönliche Entwicklungsgeschichte nicht außer acht lassen, wenn es darum geht, den Charakter von Kindern zu bestimmen. Die familiäre Zusammensetzung spielt jedoch eine wichtige Rolle, wenn man das Verhalten von Kindern und Kleinkindern verstehen will. Begreift man die psychologischen Faktoren, die dem Verhalten eines Kindes zugrunde liegen, ist dies eine Hilfe im Umgang mit dem Flugstreß. »Realistische« Erwartungen hinsichtlich des Verhaltens der eigenen Kinder auf einer Flugreise können auch hilfreich sein. Bestärken Sie die positiven Seiten in der Persönlichkeit jedes Kindes, auch im Rahmen der Hierarchie unter den Geschwistern, damit alle in möglichst guter Verfassung am Bestimmungsort eintreffen. Z.B. kann sich das autoritäre Gehabe Ihrer zehnjährigen Tochter gegenüber ihrem zappeligen jüngeren Bruder auf einem Flug als große Hilfe erweisen, doch sollte man sie behutsam anleiten, damit sie nicht allzu grob mit ihm verfährt.

Fallstudie

Jeremy und Sam waren sieben und fünf Jahre alt und machten mit ihren Eltern Pat und Simon eine Ferienreise nach Frankreich. Pat hatte für jeden der Jungs Spielsachen eingepackt, die sie als kleine Belohnung während des Fluges nach und nach herausgab.

Obwohl Jeremy erst sieben Jahre alt war, gefiel er sich in der Rolle des großen Bruders, wenngleich Pat den Eindruck hatte, daß er mitunter etwas ungnädig mit Sam umsprang. Simon lachte nur über ihre Besorgnis und meinte, er habe sich gegenüber seiner jüngeren Schwester genauso verhalten. Während des ganzen Fluges bestand Sam darauf, daß Jeremy mitkam, wenn er zur Toilette mußte, und das war sehr häufig der Fall, weil die ungewohnte Situation ihn unruhig machte. Jeremy ging zwar nicht gerne mit, da er Angst hatte, die Tür nicht mehr aufzubringen, aber er wollte sich das nicht anmerken lassen, denn schließlich war er »der Große«. Pat bot an, mit Sam zu gehen, aber er wies ihr Angebot unwillig zurück. Simon war in seine Lektüre vertieft und hatte noch nicht einmal wahrgenommen, daß Sam innerhalb der letzten halben Stunde mindestens fünfmal auf die Toilette gegangen war.

In diesem Beispiel fühlte Sam sich von seinem älteren Bruder beschützt, der gern die Rolle des »Großen« übernahm. Man sollte bedenken, daß sogar Kleinkinder sich davor fürchten, sich in der ungewohnten Umgebung eines Flugzeugs übergeben zu müssen, sich in die Hosen zu machen oder nur etwas zu essen. Auch die Gegenwart von so vielen Fremden kann sie beunruhigen, ebenso das Anlegen des Sicherheitsgurtes und daß sie sich nicht frei in der Kabine bewegen dürfen. Ältere Kinder kann man dazu anhalten, sich um ihre jüngeren Geschwister zu kümmern, vorausgesetzt, sie sind dazu bereit und selbst nicht allzu unruhig.

Beziehungsprobleme und das Fliegen mit Kindern

Reisestreß kann Beziehungsprobleme zwischen Partnern vergrößern (s. Kapitel 6), was sich wiederum leicht auf die Kinder auswirkt. Auch wenn Eltern sich sehr bemühen, ihre Zwistigkeiten vor den Kindern zu verbergen, läßt sich das doch nicht immer bewerkstelligen, und je älter ein Kind ist, um so eher wird es etwas von den elterlichen Problemen mitbekommen. Kinder spüren die Spannungen zwischen ihren Eltern. Sie spüren es, wenn Mama sich vor dem Fliegen fürchtet oder Papa vor einem Flug kurz angebunden reagiert. Manchmal spiegelt das unruhige Verhalten eines Kindes auf dem Flughafen und an Bord die elterlichen Probleme wider.

Fallstudie

Beth und Ed hatten zwei Kinder im Alter von zwei und vier Jahren. Sie waren Amerikaner, lebten aber in Großbritannien und flogen oft nach Hause, damit ihre Kinder eine Beziehung zu ihrem Herkunftsland entwickeln und die Großeltern besuchen konnten. Beth und Ed hatten wegen ihrer erbitterten, fruchtlosen Streitereien gerade begonnen, die Eheberatung aufzusuchen.

Auf dem Flughafen waren sie wie so oft wütend aufeinander, und jeder hatte ein widerspenstiges Kind an der Hand. Mit zusammengebissenen Zähnen sagte Beth zu ihrer Zweijährigen: »Nun komm schon, Liebes, bald kannst du die Wolken sehen.« Der Vierjährige dagegen wollte mit Ed in jeden Laden, um dann brüllend ein großes Theater zu machen, wenn der Vater nicht mitkommen wollte. Dazu pfiff er ununterbrochen auf der Pfeife, die ihm Ed für den Fall gegeben hatte, daß der Kleine in der Menge verlorengehen sollte. Endlich im Flugzeug, wurden die Kinder völlig aufsässig und waren nicht mehr in den Griff zu bekommen, während die Spannung zwischen ihren Eltern weiter zunahm. Nicht einmal das Spielzeug, das ihnen die Flugbegleiter austeilten, konnte sie beruhigen. Schließlich sanken sie erschöpft in die kurz zuvor frei gewordenen benachbarten Plätze. Beth und Ed bewahrten unterdessen ein frostiges Stillschweigen in der Überzeugung, daß jeweils der andere für das Betragen der Kinder verantwortlich war.

Diese Szene beschreibt den Alptraum aller Eltern, die mit ihren kleinen Kindern verreisen. Folgende Vorgehensweisen können Abhilfe schaffen:

⇛ Versuchen Sie, Ihre Beziehungsprobleme von den elterlichen Aufgaben zu trennen.
⇛ Konzentrieren Sie sich auf die Bedürfnisse Ihrer Kinder.
⇛ Fragen Sie andere, versierte Reisende um Rat zum Fliegen mit Kindern.
⇛ Versuchen Sie nicht, Ihre Partnerschaftsprobleme zu lösen, wenn Sie eine Reise mit Ihren Kindern vorbereiten, sondern stellen Sie die Probleme vorerst in den Hintergrund, zumindest für die Dauer des Fluges.
⇛ Versuchen Sie, sich vor dem Flug über die Regeln und die Rollenverteilung zu einigen.
⇛ Bereiten Sie Ihre Kinder auf den Flug vor, indem Sie ihnen erzählen, was sie erwartet.

Einschneidende familiäre Vorkommnisse

Auch wenn sie augenscheinlich nichts mit dem Fliegen zu tun haben, können einschneidende Vorkommnisse in der Familie ein Kind so verunsichern, daß es während eines Fluges verstärkt ein aufsässiges Verhaltensmuster zeigt. Ereignisse wie der kürzlich erfolgte Verlust eines der Großeltern, erlittene Gemeinheiten in der Schule oder die Scheidung der Eltern können der Grund für einen unruhigen Flug sein. Reisen von oder zu kranken oder sterbenden Verwandten können besonders kleine

Kinder sehr belasten, vor allem, wenn sie nicht im einzelnen aufgeklärt worden sind und nicht alles verstehen, was geschieht. Kinder sind oft gerade dann sehr durch den Streit der Eltern verunsichert, wenn sie sich den Grund dafür nicht erklären können.

Nach dieser Beschreibung von verschiedenen psychologischen Aspekten und ihren möglichen Auswirkungen auf Kinder folgen nun allgemeine Probleme, mit denen sich Eltern und Kinder vor und während eines Fluges konfrontiert sehen.

Panik im Vorfeld

Wenn die nötigen Vorkehrungen für die Familie rechtzeitig getroffen werden, läßt sich Panik in den allerletzten Minuten weitgehend vermeiden. Es ist sicherer, selbst alles notwendige Essen und Trinken, Spielzeug und sonstige Sachen zur Versorgung der Kinder bereit zu haben, als sich auf die Fluggesellschaften zu verlassen, da deren Kinderservice ganz erheblich variiert. Stellen Sie Listen zusammen, was alles erledigt werden muß, und lassen Sie die Kinder daran mitwirken. Kinder mögen es, wenn man sie beteiligt, und ein Teil des Urlaubsspaßes liegt schon in der Vorbereitung. Lassen Sie jedes Kind sein eigenes kleines Päckchen zusammenpacken, mit Spielzeug für den Flug, Büchern und den Lieblingskassetten für den Walkman. Je nach Alter empfiehlt sich dabei eine gewisse Aufsicht. Denken Sie daran, sich während der Reise

⇛ zu erkundigen, welchen Service Sie für Ihr Baby oder Kind erwarten können;
⇛ klar auszudrücken, was Sie brauchen, zum Beispiel eine Tragetasche für Ihr Baby während des Fluges.

Befürchtungen und Erschöpfung der Eltern

Wann immer möglich, sollten Sie die Belastung, die eine Flugreise mit Kindern darstellt, mit Ihrem Partner teilen. Versuchen Sie schon vorab zu klären, wer was mit wem auf dem Flughafen und an Bord machen wird. Einigen Sie sich zum Beispiel vor einem Langstreckenflug, wer von Ihnen für welches Kind »zuständig« sein wird und für wie lange. So werden beide die Möglichkeit haben, sich zwischendurch ein wenig auszuruhen. Teilen Sie sich Ihre Sorgen mit, da diese gewaltige Ausmaße annehmen können, wenn sie in Ihrem Innern verschlossen bleiben.

Fallstudie

Bob und Gina hatten drei Kinder im Alter von drei Monaten, zweieinhalb und vier Jahren. Sie wollten nach Australien fliegen, um Ginas Eltern zu besuchen und mit der Familie die Hochzeit ihres jüngeren Bruders zu feiern. Judy, die Vierjährige, war hellauf begeistert bei der Aussicht, eine der Brautjungfern zu sein. Sie und ihr Bruder Dave stellten ihren Eltern ständig alle möglichen Fragen über Australien und das Fliegen.

Als methodischer Mensch hatte Gina alles bis ins kleinste geplant. Ihre größte Sorge war die Befürchtung, zu erschöpft zu sein und während des Fluges mit der Versorgung ihres Babys Jo nicht zurechtzukommen. Es würde ihr erster Flug mit drei Kindern sein, und dazu ein sehr langer. Sie wußte, daß Bob Ärger im Beruf hatte, daher behielt sie ihre Sorgen für sich – schließlich unternahmen sie diese ganze lange Reise, um ihre Familie zu besuchen. Doch am Abend vor dem Flug wurde das alles zu viel für Gina, sie brach in Tränen aus und teilte Bob mit, daß sie es einfach nicht schaffte. Er hatte sich schon gedacht, daß ein so langer Flug für Gina zuviel sein würde, aber sie war so fest dazu entschlossen gewesen und die beiden ältesten Kinder schienen so begeistert, daß er seine Bedenken für sich behalten hatte. Nachdem Gina sich Bob anvertraut hatte, fühlte sie sich außerordentlich erleichtert. Beide sprachen noch einmal ihre Planung durch, und Bob gelang es, Gina zu beruhigen. Er wollte sich um Judy und Dave kümmern und schlug vor, daß Gina auch versuchen sollte, etwas zu schlafen, sobald Jo eingeschlafen war. Sie machten noch weitere Pläne, wie sie Judy und Dave bei Laune halten konnten, und beschlossen, ein paar Handpuppen zu kaufen, wie sie sie kürzlich im Fernsehen gesehen hatten.

Kindliche Reiseängste

Je nach Alter können Kinder sich vor den verschiedensten Apekten einer Flugreise fürchten. Auch hängt es von ihrem Alter und dem Grad der Reife ab, inwiefern sie in der Lage sind, ihre Ängste auszudrücken. Kinder haben z. B. Höhenangst, fürchten sich vor dem Herunterfallen auf die Erde, der Trennung von den Eltern, vor Übelkeit, Druckschmerzen in den Ohren, auf der Bordtoilette eingeschlossen zu sein, vor den unverständlichen fremden Geräuschen an Bord, an den Sitz gefesselt zu sein, den vielen fremden Menschen, ungewohntem Essen.

Bereiten Sie Ihre Kinder sowohl in praktischer Hinsicht wie auch emotional auf einen Flug vor, ganz besonders, wenn es ihr erster Flug ist. Bei sehr kleinen Kindern geschieht dies am besten anhand von Bildern von Flugzeugen sowie von den Orten, wohin die Reise geht. Erzählen Sie ihnen, was sie erwartet und wie ihnen vielleicht zumute sein wird. Versuchen Sie, vor der Reise einen ruhigen Tag einzulegen, und brechen Sie beizeiten zum Flughafen auf. Rechtzeitige Vorbereitung trägt zur Vermeidung hektischer Aktivitäten in letzter Minute bei. Checklisten sind dabei eine Hilfe. Ein gemächlicher Rundgang durch die Abflughalle des Flughafens mit Erklärungen zu allem, was da zu sehen ist, wird die Furcht des Kindes mindern. Auf einigen Flughäfen gibt es separate Räumlichkeiten zum Wickeln und Füttern von Babys, und mittlerweile gibt es auch schon ein paar Flughäfen mit Spielräumen für etwas größere Kinder. Ruhiges Abwarten an einem Ort ist allen zu empfehlen, und ein abgeschiedenes Eckchen reduziert auch die Gefahr, daß ein Kind verlorengeht. Vergessen Sie nicht, den Lieblingsteddy, das wichtigste Kuscheltier oder die Schmusedecke mitzunehmen.

Falls Ihr Kind beim Fliegen ganz besonders aufgeregt und schwierig ist, beherzigen Sie bitte folgendes:

⇛ Fragen Sie sich, was Ihr Kind sonst noch in Unruhe versetzt haben könnte.
⇛ Es bringt normalerweise nicht sehr viel, ein Kind nach dem »Warum« seines jeweiligen Verhaltens zu fragen oder danach, was es beunruhigt. Beobachten sie sein Gebaren und seine Stimmung, um selbst eine Erklärung für sein »schwieriges« Benehmen zu finden.
⇛ Mitunter genügen bereits einige Beruhigungs- und Ablenkungsmanöver, um einen angenehmeren Flug zu haben, wie zum Beispiel das Erzählen einer Geschichte, Kartenspielen oder eine Kleinigkeit zu essen.
⇛ Etwas Humor kann Kindern wie Eltern guttun. Wenn Sie selbst zu sehr gestreßt sind, um noch witzig zu sein, dann besorgen Sie sich zuvor ein Buch mit Kinderwitzen.

Wenn Kinder verlorengehen

In jedem von uns können Flughäfen und Flugzeuge ganz archetypische Reaktionen auslösen; das Ungewohnte der Umgebung kann Ängste hervorrufen, die eher in den Dschungel passen. Manche Eltern und Kinder fürchten sich davor, sich in dem fremdartigen Durcheinander zu verirren. Die meisten großen Flughafenterminals haben einen Treffpunkt, ein System für Durchsagen und einen Informationsschalter, wohin sich etwas ältere Kinder wenden können. Sagen Sie Ihren Kindern, wie sie sich verhalten sollen, falls sie verlorengehen. Bei kleineren Kindern, die gern auf eigene Faust losziehen, ist es empfehlenswert, ihnen ein Schild mit dem Namen und weiteren Informationen über ihren Flug umzuhängen. Eine ebenfalls umgehängte Trillerpfeife kann, bei strikten Vorgaben für ihren Gebrauch, ebenfalls behilflich sein, ein verlorengegangenes Kind wiederzufinden.

Die Plazierung

Eine durchdachte Plazierung für Sie und Ihre Kinder kann den Streß eines Fluges mit der ganzen Familie erheblich mindern.

Babys: Fluggesellschaften plazieren Familien mit Babys manchmal in der ersten Reihe nach der Trennwand und sorgen vor Langstreckenflügen für sogenannte Baby-Baskets. Bei den meisten Gesellschaften sind diese Tragetaschen nur für Babys bis zu 10 kg geeignet. Nehmen Sie die Lieblingsdecke Ihres Kindes mit, denn sie kann besänftigend wirken.

Kleinkinder: Eltern, die Erfahrung im Reisen mit kleinen Kindern haben, empfehlen, bei einem langen Flug Plätze im Mittelblock zwischen den beiden Gängen zu nehmen (sofern es so einen mittleren Sitzblock gibt). Dort sind in der Regel mehr Sitze in einer Reihe als an den Seiten, und die Chance, einen frei gebliebenen Platz zu finden, ist größer. Außerdem lassen sich die Armlehnen hochklappen, so daß ein Kind sich auf dem Schoß der Eltern ausstrecken und – hoffentlich – etwas schlafen kann. Vielleicht empfiehlt sich auch ein Platz in der

Nähe der Toiletten. Bitten Sie um zusätzliche Kissen und Decken, sobald Sie an Bord gegangen sind, um es kleineren Kindern bequemer zu machen und sie aufs Schlafen vorzubereiten. Mit Hilfe von Decken eine Art »Nest« zu bauen kann ebenfalls dazu beitragen, nervöse Kinder zur Ruhe zu bringen.

Ältere Kinder: Normalerweise akzeptieren sie die Plätze so, wie sie ihnen zugewiesen werden. Viele freuen sich, wenn sie aus dem Fenster schauen und sich mit dem ausgeteilten Spielzeug beschäftigen können. Versuchen Sie, sich zu entspannen, und behalten Sie Ihre Kinder im Auge, jedoch ohne übertrieben wachsam zu sein.

Auch wenn die Crew bei Familien mit Kindern meist sehr entgegenkommend ist, lohnt es sich doch, sich nach besser geeigneten Plätzen umzuschauen, zum Beispiel nach einer Reihe mit einem weiteren freien Platz. Etwas ältere Kinder finden häufig Spaß daran, sich »erwachsen« zu fühlen, wenn sie in einer anderen Reihe als die Eltern sitzen können.

Start, Flug und Landung

Physisches Unbehagen

Beim Landeanflug gelingt der Druckausgleich in den Ohren oft weniger gut als beim Start, und kleinere Kinder scheinen empfindlicher darauf zu reagieren als ältere oder Erwachsene. Bei Babys hilft es, sie während dieser Vorgänge schreien zu lassen oder ihnen etwas zum Schlucken zu geben. Wenn Sie das Geschrei stört, geben Sie Ihrem Baby bei Start und Landung etwas zu trinken. Wenn ein Baby trotzdem schreit, bleibt nicht viel anderes übrig, als dies heroisch lächelnd zu ertragen. Ältere Kinder und Erwachsene können versuchen, zu schlucken, zu kauen oder zu gähnen. Kaugummikauen oder Bonbonlutschen regen das Schlucken an. Ein zuverlässiger Trick, um die Ohren frei zu bekommen, ist die Valsalva-Methode: Dabei kneifen Sie sich die Nase zu, schließen den Mund und blasen die Backen auf. Verstärken Sie allmählich den Druck, bis die Ohren frei sind. Wiederholen Sie diesen Versuch, wenn zuerst nur ein Ohr frei wird. (Die Methode funktioniert allerdings nicht, wenn Sie erkältet sind und Ihre Nase verstopft ist.)

Psychisches Unbehagen

Für manche Kinder sind, wie für Erwachsene, Start und Landung die Augenblicke, die am meisten Angst einflößen. In Kapitel 3 wurden Strategien erläutert, mit deren Hilfe solche Flugängste zu überwinden sind. Auch wenn sogar Erwachsene bei Start und Landung besonders beunruhigt sind, sollten Sie doch nicht vergessen, daß kleine Kinder, vor allem auf ihrem ersten Flug, gar keine Ahnung haben, was sie erwartet.

Erklären Sie ihnen möglichst einfach, was passieren wird und was sie dabei voraussichtlich fühlen werden. Es empfiehlt sich, dabei alles als etwas ganz Normales hinzustellen, besonders, wenn sich die Kinder ängstigen. Zum Beispiel können Sie die »Schmetterlinge im Bauch«

mit dem Gefühl vergleichen, das die Kinder hatten, als sie zum ersten Mal in ein Schwimmbecken sprangen. Je jünger ein Kind ist, desto weniger kann es die Start- und Landevorgänge verstehen. Daher muß man damit rechnen, daß es sehr erschrickt, wenn es plötzlich Schmerzen in den Ohren spürt. Ruhiges Erklären und ein paar Anleitungen, was man dagegen tun kann, helfen bei der Beseitigung von Angst und Schmerzen.

Essen und Trinken

Auch wenn es einige Fluggesellschaften gibt, die auf Vorbestellung Kindermahlzeiten zubereiten und dann servieren, wenn die Kinder hungrig sind, so ist die Versorgung doch meist auf die Bedürfnisse von Erwachsenen ausgerichtet. Damit Sie unnötigen Streß vermeiden können und Ihr Kind oder Baby nicht zu hungern braucht, ist es daher ratsam, alle notwendigen Vorräte und noch ein bißchen darüber hinaus selbst mitzunehmen. Vorbereiten sollten Sie

- ⇛ für Babys und Kleinkinder: Essen in kleinen Behältern, eigene Plastiklöffel, Pappteller, Pappbecher, kleine Getränkefläschchen (auch wenn Sie noch die Brust geben);
- ⇛ für etwas ältere Kinder: jede Menge Snacks (möglichst nichts, was allzu leicht verschmiert) und Getränke.

Seien Sie großzügig bei

- ⇛ Geklecker: Nehmen Sie für die Kinder Kleidung zum Wechseln mit.
- ⇛ Gequengel: Kinder reagieren auf Aufregung oder Ängste häufig mit Nörgeleien über das Essen, den Sitzplatz, Geräusche, ihre Geschwister.
- ⇛ ungesundem Essen und Trinken: Die Zähne Ihres Kindes werden die Folgen von Süßigkeiten und gezuckerten Getränken bestimmt überstehen, und Sie selbst überstehen die Reise besser, wenn Sie auf die Forderung danach eingehen. Es empfiehlt sich, auf kohlensäurehaltige Getränke soweit als möglich zu verzichten, weil ihre blähende Wirkung unangenehme Folgen auf den Magen-Darm-Trakt haben kann.
- ⇛ Lärm: Gegen Babygeschrei kann man nicht viel tun, und es hilft gegen Druckschmerzen in den Ohren bei Start und Landung. Konzentrieren Sie sich einfach auf die Bedürfnisse Ihres Kindes, und vergessen Sie die anderen Passagiere.
- ⇛ Bemerkungen anderer über Ihr Kind: Ignorieren Sie verärgerte Reaktionen und Ihre eigene Verlegenheit, und seien Sie dankbar für jede lobende Äußerung seitens der anderen Passagiere.

Langeweile

Genau wie Erwachsene finden auch Kinder lange Flüge langweilig. Langeweile kann Unbehagen an Bord noch verschlimmern und umgekehrt; lange Phasen von Langeweile können dieses Unbehagen bis ins Unerträgliche steigern. Um diesen Kreis zu durchbrechen, sorgen Sie folgendermaßen vor:

⇛ Nehmen Sie genügend Spielsachen, Bücher, Kassetten für den Walkman und Spiele mit, und geben Sie Ihren Kindern nicht alles gleichzeitig. Verlassen Sie sich nicht auf den Beutel mit Spielzeug, den manche Fluggesellschaften an Kinder verteilen. Die Spielsachen könnten Ihrem Kind nicht gefallen, weil es zu alt oder noch zu jung dafür ist.
⇛ Machen Sie es allen so bequem wie möglich, indem Sie sich der oben genannten Tips und Tricks bedienen und für gute Sitzplätze, genügend Decken und Getränke sorgen.
⇛ Spielen Sie mit den Kindern, z. B. Kartenspiele, Ratespiele oder mit Handpuppen.
⇛ Halten Sie sich so weit wie möglich an den üblichen Tagesablauf Ihres Kindes, so daß es zur gleichen Zeit schläft wie zu Hause. Auf langen Flügen ist es vielleicht auch ratsam, sich an die zeitlichen Bedingungen Ihres Ankunftsorts anzupassen.

Reisekrankheit

Turbulenzen können für Menschen, die Flugreisen nicht gewohnt sind oder unter Flugängsten leiden, sehr unangenehm sein. Reisekrankheit tritt mitunter auch ohne Turbulenzen auf. Wenn Sie oder Ihre Kinder dazu neigen, können Sie es mit einem der folgenden Ratschläge versuchen:

⇛ Nehmen Sie vor dem Start Tabletten gegen die Reisekrankheit ein. Ihr Hausarzt kann Ihnen das bekömmlichste Mittel für Sie und Ihr Kind nennen. Von einigen dieser Tabletten wird man schläfrig, was auf einem langen Flug von Vorteil sein kann.
⇛ Ingwerkapseln, die in Reformhäusern erhältlich sind, sind vielleicht eine etwas altmodische Medizin, die manche jedoch für sehr wirksam halten. Klären Sie beim Kauf, ob die Kapseln für das Alter und Gewicht Ihres Kindes geeignet sind.
⇛ Auf Flughäfen und in Spezialgeschäften für Reiseausrüstung gibt es Armbänder mit eingenähten Druckkugeln, die auf einen bestimmten Akupunkturpunkt am Handgelenk drücken. Diesen Armbändern sind Anweisungen beigefügt, wie sie am besten anzulegen sind.
⇛ Bitten Sie Ihr Kind, die Augen zu schließen. Dadurch wird die Diskrepanz zwischen den Bewegungen, die seine Augen sehen, und jenen, die das innere Ohr wahrnimmt (das auf Bewegungsveränderungen reagiert), beseitigt und die Übelkeit gemildert.
⇛ Bringen Sie Ihr Kind dazu, sich hinzulegen. Ältere Kinder können versuchen, ihre Rückenlehne zurückzuklappen. Mit einem Kissen im Nacken können sie den Kopf zurücklegen und beinahe waagerecht liegen. Je weniger vertikale Bewegungen vom Innenohr wahrgenommen werden, desto besser.
⇛ Kühlen Sie das Gesicht, entweder mit dem Luftstrahl

aus der Düse über Ihrem Kopf oder mit einem kalten, feuchten Lappen.

⇛ Geben Sie Ihrem Kind keine Aspirintabletten. Eine ihrer Nebenwirkungen ist, das innere Ohr zu beeinträchtigen.

⇛ Auch wenn es sich paradox anhört, so hilft es doch häufig, wenn man dem erkrankten Kind (oder auch einem betroffenen Erwachsenen) eine Tüte zum Übergeben vor den Mund hält. Es macht Kindern sehr wohl etwas aus, wo ihnen übel wird. Es beruhigt, die Tüte griffbereit zu haben, und das allein kann die Übelkeit bereits mildern.

Kranke Kinder

Die meisten, die schon mit kleinen Kindern geflogen sind, haben bereits einmal vor der problematischen Frage gestanden, was sie bei Erkrankung eines Kindes tun sollten. Im allgemeinen ist klar, daß der Flug verschoben wird, wenn ein Kind kurz vor einer Urlaubsreise schwer erkrankt. Wenn aber das Kind gar nicht so krank zu sein scheint oder die Reise aus einem sehr wichtigen Grund erfolgt, zum Beispiel, weil jemand im Sterben liegt, vielleicht der Großvater oder die Großmutter, dann fällt die Entscheidung doch sehr viel schwerer. Man sollte bedenken, daß eine einfache Erkältung oder Ohrenweh sehr schmerzhaft sein können, vor allem bei Start und Landung. Auch die trockene Luft in der Flugzeugkabine scheint kleinen Kindern nicht gut zu bekommen, besonders jenen, bei denen gerade eine

Erkältung oder eine Entzündung der Atemwege abklingt oder kurz vor dem Ausbruch steht. Es tut zwar gut, Wasser ins Gesicht zu spritzen oder zu sprühen, aber ein Arztbesuch vor Ihrer Reise ist trotzdem ratsam. Ebenso ratsam ist der Abschluß einer entsprechenden Reiseversicherung – vergessen Sie aber nicht, das Kleingedruckte vorher genau durchzulesen.

Schlafen während des Fluges

Die meisten Kinder schlafen auf einem langen Flug irgendwann einmal ein. Zu dem Zeitpunkt, an dem das geschieht, sind Sie wahrscheinlich erschöpft. Wenn Ihre Kinder schlafen und Sie müde sind, machen Sie es sich möglichst bequem und versuchen Sie, selbst etwas Schlaf zu bekommen. Wie man sich so bequem wie möglich einrichtet, können Sie im Abschnitt ›Die Plazierung‹ nachlesen.

Die obigen Ausführungen sind bei weitem nicht vollständig, aber sie inspirieren Sie vielleicht, eigene Ideen für das Reisen mit Kindern zu entwickeln. Vor allem sollen sie dazu beitragen, daß Sie es mehr genießen können, mit Ihren Kindern zu verreisen.

Kapitel 8

Das Verhalten von Passagieren

Flugreisen scheinen etwas an sich zu haben, was das Verhalten einiger Passagiere beeinflußt. Ein ruhiger, zurückhaltender Mensch neigt plötzlich dazu, ärgerlich und fordernd zu reagieren; ein aggressiver Handlungsreisender zeigt sich verunsichert und zurückhaltend, während eine glücklich verheiratete allein reisende Ehefrau oder auch ein Ehemann zum wilden Raubtier wird und an nichts anderes mehr zu denken scheint als an Sex. Dies sind natürlich grob gezeichnete Stereotypen, aber sie geben trotzdem einen Eindruck davon, wie ungewohnte Situationen sich auf unser Denken und Tun auswirken können. In diesem Kapitel geht es darum, inwieweit unser Verhalten durch das Reisen beeinflußt wird, und es werden ein paar Vorschläge erörtert, wie wir eine Reise sicherer und angenehmer gestalten können.

Sicherheit steht sowohl bei den Fluggesellschaften als auch bei den Passagieren an erster Stelle. Seit Jahrzehnten geht das Bestreben der Ingenieure, Piloten, Fluglotsen, Psychologen und anderer dahin, Flugreisen sicherer zu machen. So wurden die Piloten besser ausgebildet, sicherere Flugzeuge entworfen und zuverlässiger gewartet. Die Methoden zur Wettervorhersage und die Kommunikationsmittel für Piloten, Crew und Fluglotsen wurden weiterentwickelt. Lange Zeit befaßten sich die meisten Untersuchungen mit der Leistung von Flugzeugbesatzung und den Angestellten der Fluggesellschaften. Erst seit Mitte der neunziger Jahre gibt es gezielte Versuche, mehr über das Verhalten der Passagiere und ihre Erwartungen zu erfahren. Das liegt einerseits an einem stärkeren Interesse daran, wie sich Passagiere in Notfällen verhalten, andererseits aber auch an den neuerdings auftretenden Gewaltausbrüchen oder ›Flugkoller‹ an Bord. Dieses Kapitel greift beides auf.

Streß in der Flugzeugkabine

Untersuchungen haben ergeben, daß die besondere Atmosphäre einer Flugzeugkabine direkte Auswirkungen auf das Verhalten haben kann. Die Luft in der Kabine ist normalerweise arm an Feuchtigkeit – sogar noch trockener als in der Sahara. Trockene Luft und niedriger Luftdruck führen nachweislich zu Streß, Gereiztheit und mindern unsere Fähigkeit, vernünftige Entscheidungen zu treffen. Das hilft Ihnen vielleicht zu verstehen, weshalb Sie an Bord oft Kopfschmerzen haben, ein bißchen unwirsch und gereizt sind. Eine weitere Ursache für Streß ist der Motorenlärm und das laute Geräusch der außen am Flugzeug vorbeiziehenden Luft. Lärm zwingt die Menschen, ihre Stimme zu erheben, was als Aggressivität mißverstanden werden kann und die gegenseitige Spannung unter Umständen noch verstärkt.

Die Enge an Bord eines Flugzeugs trägt auch zu vermehrtem Streß bei. Passagiere, die versuchen, ihr Territorium zu verteidigen, verhalten sich durchaus einmal aggressiv gegenüber Mitreisenden und der Crew, und die meisten Flugreisenden haben schon das Gerangel um den Stauraum für das Handgepäck erlebt. Berüchtigt sind diejenigen, welche die ganze Ablage mit ihren Sachen vollstopfen und das Eigentum der anderen beiseite stoßen. Das sind dann häufig auch dieselben, die zuerst in der Reihe Platz nehmen, beide Armlehnen für sich beanspruchen und sich das letzte Zeitungsexemplar greifen. Psychologen haben festgestellt, daß emotionale Reaktionen sich intensivieren und der Streß zunimmt, wenn Fremde in die persönliche Sphäre eindringen. Muß man den engen Raum mit Fremden aus verschiedenen Kulturkreisen, anderen ethnischen Zugehörigkeiten und Altersgruppen teilen, verstärken sich die Streßreaktionen zusätzlich.

Unbeherrschtes Verhalten bei Passagieren

Häufig sind Flugpassagiere emotional leicht angespannt, wodurch sie dazu neigen, in stressigen oder ungewohnten Situationen übermäßig zu reagieren. Vielleicht beunruhigt sie die Trennung von einer geliebten Person, plagen sie Heimweh oder Sorgen auf einer Geschäftsreise, sind sie einsam oder genervt, weil es ihnen nicht gelingen will, ihr aufsässiges Kind zu beruhigen, oder sie machen sich Sorgen, daß der Ehepartner von der Affäre Wind bekommt, die sie unterwegs gehabt haben. Potentiell aggressive Passagiere kann die Distanz zur gewohnten Umgebung zu der Annahme verleiten, daß hier ein anderer Umgangston zulässig ist und die Verhaltensregeln, die auf dem Boden gelten, ihre Gültigkeit in 10 000 Metern Höhe über dem Meer verloren haben. Dazu kommt bei manchen Passagieren ein exzessiver Alkoholkonsum, sei es, weil alkoholische Getränke umsonst angeboten werden oder weil man damit Langeweile oder Flugangst bekämpfen möchte. Wenn jemand dann weitere verschlimmernde Faktoren ertragen muß, z. B. Unruhe bei andauernder Anweisung, den Sicherheitsgurt geschlossen zu halten, immer längere Nonstop-Flüge in immer engeren Flugzeugen, Schlafprobleme insbesondere auf Ost-West-Flügen, die Auswirkungen von Arzneien oder illegalen Drogen, Verspätungen, Klaustrophobie, eventuell auch noch gleichgültige oder anmaßende Flugbegleiter, so entsteht eine unheilvolle Mischung. Auch wenn wir Gewalt an Bord eines Flugzeugs für unverzeihlich halten, so versteht man jetzt vielleicht doch, wie es zum Entstehen sogenannter Flugkoller kommen kann.

Fallstudie

Bill, Geschäftsführer einer Telekommunikationsfirma, befand sich auf dem Weg zu einem wichtigen geschäftlichen Treffen in den USA. Er war müde, schlecht gelaunt und verärgert, denn die vorherige Nacht hatte er damit verbringen müssen, seinen geschäftlichen Unterlagen den letzten Schliff zu geben, weil sein Job auf dem Spiel stand. Da seine Firma an den Reisekosten sparte, mußte er sich mit der Economy-Klasse begnügen, obwohl er übergewichtig war und die beengten Sitzverhältnisse haßte. Zum Glück jedoch war der Sitz zwischen seinem Fensterplatz und dem Platz am Gang frei, und daher legte er dort ohne Rücksicht auf seinen Nachbarn einen Stapel seiner Papiere und einiges Handgepäck ab. Bill ignorierte die höfliche Bitte dieses Mannes um ein wenig Raum auf dem freien Sitz und bestellte einige Drinks zur Entspannung. Als schließlich das Essen serviert wurde, war Bill schon ganz schwach vor Hunger und auch etwas ungeschickt, denn er war bereits bei seinem dritten Whisky angelangt. Als er an seinem Nachbarn vorbei nach den Brötchen griff, schlug er ihm dabei versehentlich die Kaffeetasse aus der Hand. Der Nachbar, der bisher über Bills unangemessenes Verhalten hinweggesehen hatte, war nun der Ansicht, genug Rücksichtslosigkeiten hingenommen zu haben. Er starrte Bill wütend an und sagte ihm seine Meinung. Bill wollte es ihm heimzahlen und versuchte, ihm einen Faustschlag zu verpassen.

In letzter Zeit haben sich die Medien verstärkt mit der zunehmenden Häufigkeit und Schwere von gewalttätigem Verhalten von Flugpassagieren befaßt, das sich gewöhnlich gegen die Flugbesatzung richtet. Der ›Flugkoller‹, wie dies auf deutsch genannt wird, bereitet den Fluggesellschaften wie auch vielen Passagieren gleichermaßen Sorgen, weil er im Fall schwerer Verletzungen bei der Crew oder Mitreisenden sehr ernsthafte Folgen haben kann.

Es ist schwierig, akkurate Zahlen über derartige Vorfälle zu erhalten, da nicht alle Fluggesellschaften darüber Statistik führen. Auch gibt es keine feste Definition für diesen Flugkoller. Bei der einen Fluggesellschaft gehört Trunkenheit schon dazu, während die andere darunter Gewaltanwendung oder Drohungen versteht. Trotz diesen Schwierigkeiten ist es seit kurzem doch möglich, einige Angaben zu erhalten. Von den größten internationalen Gesellschaften liegen Berichte vor, die eine Zunahme derartiger Vorfälle belegen. Besonders alarmierend ist dabei die zunehmende Schwere dieser Fälle.

Auseinandersetzungen zwischen der Crew und Passagieren scheinen bei weitem am häufigsten Anlaß zu ausfallendem Benehmen zu geben. Meist ist solches Verhalten die Reaktion eines Passagiers auf eine Aufforderung, zum Beispiel auf die Bitte, zum Sitzplatz zurückzukehren, eine Zigarette auszudrücken, die Kopfhörer abzunehmen oder die Lehne wieder senkrecht zu stellen. Einige Fluggäste reagieren verärgert, weil sie sich ungern vorschreiben lassen, was sie zu tun haben, andere, weil sie sich ausgeliefert fühlen oder den Grund für die Aufforderung oder den Befehl nicht verstehen.

Laut Zeitungsschlagzeilen kommen viele Anfälle von Flugkoller bei betrunkenen Passagieren vor, aber übermäßiger Alkoholkonsum ist keineswegs immer der Grund. Gewaltbereitschaft entsteht vielmehr als Ergebnis einer langen Reihe von Faktoren wie Streß, Aufregung, Ärger, Enge, fordernde Persönlichkeit und so weiter. Einige Beispiele von unbeherrschten Passagieren:

- ⇛ Eine Flugbegleiterin wurde von einem Passagier geschlagen, als sie ihm mitteilte, daß es kein Hühnchen mehr gebe.
- ⇛ Auf einem anderen Flug versuchte ein verärgerter

Reisender, eine Flugbegleiterin aus dem Notausgang zu werfen.

⇛ Als man ihm einen weiteren Drink verwehrte, zog ein betrunkener Passagier der ersten Klasse die Hosen und Unterhosen aus und entleerte seinen Darminhalt auf den Kabinenboden sowie auf den Speisetrolley.

⇛ Eine Flugbegleiterin, die einen Passagier bat, die Kopfhörer abzunehmen, während das Flugzeug zu seinem Standplatz fuhr, wurde so hart geschlagen, daß sie in die nächste Sitzreihe flog.

⇛ Ein Passagier, bei dem sich später herausstellte, daß er unter dem Einfluß von LSD stand, begann zu predigen und die Mitreisenden zu segnen. Er wollte auch das Cockpit betreten, um die Crew dort zu segnen. Erst nachdem ein Flugbegleiter ernstlich verletzt worden war, gelang es vier Leuten, ihn zurückzuhalten.

⇛ Weil ihnen eine Umplazierung in die erste Klasse verweigert worden war, drohten ein Passagier und sein Reisebegleiter, das Flugzeug ›auf den Boden zu bringen‹. Während des anschließenden Durcheinanders im Bemühen, den Passagier zu überwältigen, erlitt eine Flugbegleitung Verbrennungen zweiten Grades durch brühend heißen Kaffee.

⇛ Ein Passagier verletzte eine Flugbegleiterin schwer, indem er ihr mit einer Flasche zollfreien Alkohols auf den Schädel schlug. Sie mußte mit über 30 Stichen genäht werden.

Entgegen der weit verbreiteten Meinung ist Gewalt an Bord nicht auf Passagiere der Economy-Klasse beschränkt, die wegen der engen Platzverhältnisse derart reagieren. Berichten zufolge sind Passagiere aus der Business-Klasse und Teilnehmer an Vielflieger-Bonusprogrammen besonders fordernd und aggressiv, da sie höhere Anforderungen an den Service stellen.

Wie reagieren Fluggesellschaften auf Gewaltandrohungen an Bord einer Maschine? Einige haben bereits Schritte eingeleitet, um dem Phänomen zu begegnen. British Airways zum Beispiel stellt Warnschilder für aufsässige Passagiere auf und unterweist die Crew im Einsatz physischer Mittel, falls dies notwendig werden sollte. Richterliche Haftstrafen machen deutlich, daß Gewalt an Bord nicht akzeptiert wird. Damit ein Abschreckungsmittel wirklich greift, muß ein möglicher Täter allerdings davon ausgehen, daß er gefaßt wird und die Konsequenzen hart sein werden. Das setzt Übereinstimmung zwischen den Fluggesellschaften in bezug auf ihr Vorgehen voraus; kein Vorfall – und sei er noch so gering – darf ungestraft hingenommen werden.

Fluggesellschaften geben nicht gerne zu, wenn sie selbst zum Entstehen eines solchen problematischen Falls beigetragen haben, doch hin und wieder sickert durch, daß einige Vorfälle das Resultat einer unheilvollen Kombination von Umständen waren: Ein verstimmter Passagier erfährt bei der Abfertigung einen schlechten Service, kommt schon etwas angetrunken an Bord und wird schließlich von einer überarbeiteten oder unter Jetlag leidenden Flugbegleiterin bedient. Ein scheinbar nebensächlicher Anlaß (z.B. eine unvorhergesehene Verspätung oder die Unmöglichkeit, ein bestimmtes Spezialessen zu servieren) ist dann der Auslöser für verbale oder physische Gewalt. Solche Gewaltausbrüche sind jedoch mehr als nur ein impulsives Dampfablassen. Sie weisen eher auf ein besorgniserregendes Verhältnis zwischen Flugzeugcrew und Passagieren hin. Über die Rolle der Flugbegleiter bestehen ganz unterschiedliche Auffassungen. Nach Vorgabe der Fluggesellschaften ist ihre Hauptaufgabe die Sicherheit der Passagiere in der Kabine, doch die Passagiere haben ganz andere Erwartungen. Wenn man den Mangel an Aufmerksamkeit bei der Vorführung von Sicherheitsdemonstrationen als Maßstab nimmt, sind nach Angaben von Besatzungsmitgliedern die Fluggäste eher daran interessiert, gut umsorgt als in wichtigen Sicherheitsfragen unterwiesen zu werden. Ein weiteres Problem ist die Gleichgültigkeit anderer bei Vorfällen von Flugkoller. Alle Passagiere sollten sich dessen bewußt sein, daß jeder Angriff auf einen Mitreisenden oder ein Mitglied der Crew auch sie selbst einem Risiko aussetzt. Alle sind gemeinsam für den sicheren und erfolgreichen Verlauf eines Fluges verantwortlich.

Eine Neugestaltung der Flugzeugkabinen, die größere Sitze und mehr Beinfreiheit ermöglichen würde und gleichzeitig für eine verstärkte Zufuhr von Luftfeuchtigkeit bei erhöhtem Luftdruck sorgen könnte, erscheint zwar als naheliegende Maßnahme, dürfte aber für die Fluggesellschaften wegen der Gewinneinbußen kaum machbar sein. Allerdings gibt es andere Faktoren, die sich eher ändern lassen. Die Auswahl und Ausbildung des Kabinenpersonals sollte unter dem Aspekt des Umgangs mit bedrohlichen Situationen erfolgen. Die Maßgabe an das Bodenpersonal, wonach aufsässige oder betrunkene Passagiere gar nicht erst an Bord gelassen werden dürfen, muß bestätigt und strikt eingehalten werden. Wegschauen am Boden verlagert das Problem in die Kabine, wo die Konsequenzen sehr viel problematischer sein können. Schließlich erlaubt es der Flugverkehr nun einmal nicht, kurzerhand ›rechts ran‹ zu fahren und einen unbotmäßigen Fluggast hinauszubefördern. Wenn bei der Imagepflege mehr die sicherheitsrelevanten Seiten statt des Bedienens der Passagiere berücksichtigt würden, könnte das Mißverständnis hinsichtlich der Rolle der Flugbegleiter behoben werden. In jedem Fall gilt: Was für ein Ärgernis Sie auch immer heimsucht, halten Sie sich im Zaum, sonst führt Ihre Reise Sie vor Gericht und vielleicht sogar hinter Gitter.

Was tun, wenn man einen lauten oder störenden Sitznachbarn hat? Ruhig bleiben. Vermeiden Sie direkte Auseinandersetzungen mit ihm, dies würde die Situation nur verschlimmern. Informieren Sie auf diskrete Weise die Flugbegleitung, jedoch nicht direkt von Ihrem Sitz aus, wo Ihr Nachbar Sie hören könnte. Zumindest ein Crew-Mitglied wird in der Nähe der Bordküche vorzufinden sein. Die meisten Flugbegleiter sind dazu ausgebildet, mit gewaltbereiten oder drohenden Passagieren fertig zu werden, und werden nicht zögern, den Flugkapitän zu informieren und Kollegen oder andere Passagiere zu Hilfe zu holen, falls irgendeine Gefahr droht. Sie können auch um einen anderen Sitzplatz bitten, wenn noch etwas frei ist. Zögern Sie nicht, sich wegen einer Ihnen unangenehmen Situation zu melden. Zu einem späteren Zeitpunkt könnte es bereits schwieriger sein, sie in den Griff zu bekommen, und die

Folgen sind dann vielleicht viel schwerwiegender. Denken Sie daran, daß Sie das Recht auf Ihrer Seite haben.

Vermeiden Sie es, selbst ein aufsässiger Passagier zu werden, und lernen Sie, sich zu entspannen, ohne Rauchen auszukommen, mit Ihrer Flugangst zurechtzukommen und Alkohol nur in Maßen zu sich zu nehmen. Probieren Sie schon einige Tage vor dem Flug ein leichtes Beruhigungsmittel aus, das Ihnen helfen kann, mit allen Unannehmlichkeiten fertig zu werden.

Das Verhalten der Flugzeugbesatzung

Auch wenn es nicht zum eigentlichen Thema dieses Kapitels gehört, so möchten Sie vielleicht doch etwas über die Erlebnisse von Flugbegleitern erfahren und wie sie mit dem Streß ihres Jobs und von Flugreisen zurechtkommen. Das wird Ihnen vermutlich helfen, die Probleme zu verstehen, mit denen sich eine Crew konfrontiert sieht, und Ihnen die Anforderungen an ihre physischen und psychischen Kräfte vor Augen führen.

Zuerst einmal darf man nicht vergessen, daß die Besatzung weitestgehend den gleichen Bedingungen ausgesetzt ist wie die Passagiere: engen Räumen, herabgesetztem Sauerstoffgehalt, geringer Luftfeuchtigkeit, Lärm; dazu leidet auch sie mitunter auf einigen Flügen unter Jetlag. In dieser Umgebung arbeiten die Flugbegleiter, schieben Trolleys durch die Gänge, bereiten das Essen zu, verstauen das Handgepäck und kümmern sich um die Flugsicherheit, was unter diesen Bedingungen alles viel schwerer fällt. Einzig im Cockpit ist die Sauerstoffzufuhr in der Regel besser, damit die Piloten nicht wegen einer Unterversorgung mit Sauerstoff einnicken oder schlapp werden.

Die meisten Flugzeugbesatzungen müssen sich häufigen und rigorosen Tests unterziehen, um ihre Einsatztauglichkeit unter Beweis zu stellen. Dazu kommen ärztliche Untersuchungen, manchmal zweimal pro Jahr. Das Fliegen eines Flugzeugs ist sowohl physisch als auch psychisch anstrengend. Das Schlafverhalten kann wegen der Länge eines Fluges oder der Zeitverschiebung beeinträchtigt werden, was sich wiederum auf die Leistungsfähigkeit und die Stimmung auswirken kann. Unablässige Forderungen seitens der Passagiere, ein Zusammenbruch des Bordunterhaltungssystems, das Versorgen eines von Übelkeit geplagten Passagiers oder allein reisender Kinder und vielleicht noch ein Passagier, der unter den Folgen von Flugangst leidet, erhöhen den Streß und die Anforderungen des Jobs. Da ist es nicht weiter verwunderlich, daß jedes Mitglied einer Crew fit, beweglich und tolerant sein muß.

Auch die Flugbesatzung muß die Trennung von ihrer Familie ertragen, und vielleicht leiden ihre Beziehungen daheim unter ihrem Dienstplan und den Beanspruchungen des Jobs. Die Arbeit in einem Dienstleistungsbetrieb ist immer anstrengend, und darüber hinaus haben Flugbegleiter manchmal mit fordernden und anmaßenden Passagieren zu tun. Schichtarbeit führt zu Spannungen, weil sie mitunter unvorhersehbar ist und sich schlecht mit dem Familienleben und freundschaftlichen Beziehungen vereinbaren läßt, wodurch diese potentiellen Schutzschilde, die Streß im Job ausgleichen könnten, gefährdet sind. Auch wenn die Öffentlichkeit den Eindruck hat, das Team an Bord sei gut eingespielt, ist es doch oft der Fall, daß eine Crew noch nie zusammengearbeitet hat. Es kann eine stete Belastung und Quelle für Streß sein, wenn immer wieder neue Beziehungen zu wechselnden Arbeitskollegen aufgebaut werden müssen, und wenn die Zusammensetzung einer Crew im letzten Augenblick geändert wird, verstärkt dies noch das Gefühl mangelnder Beständigkeit in Arbeitsbeziehungen. Diese Anmerkungen verdeutlichen vielleicht, warum es einer besonderen Kombination aus physischen und psychischen Fähigkeiten bedarf, um als ein Mitglied einer Flugzeugbesatzung eingesetzt werden zu können.

Das Passagierverhalten in Notsituationen

Im Gegensatz zur landläufigen Meinung besteht bei der Mehrzahl der Unglücksfälle im Flugverkehr eine gute Überlebenschance. Heutzutage werden Flugzeuge unter dem Aspekt der Sicherheit und des Überlebens konstruiert. Kein Flugzeug erhält eine Starterlaubnis, ohne nach strikten Sicherheitskriterien überprüft worden zu sein. Einige dieser Tests werden durchgeführt, wenn Ingenieure das Flugzeug am Boden warten, während andere routinemäßig vor jedem Flug wiederholt werden.

Der durchschnittliche Passagier wird nur anläßlich der Sicherheitsdemonstrationen zu Beginn jedes Fluges oder einer Verspätung aufgrund eines technischen Problems mit Sicherheitsvorkehrungen konfrontiert. Die Sicherheitsinformationen sind dazu gedacht, die Passagiere mit der vorhandenen Sicherheitsausrüstung vertraut zu machen und die Abläufe im Fall einer Notsituation zu demonstrieren, ohne daß die Passagiere alles selbst ausprobieren. Das ist verständlich, da kaum ein Flug pünktlich starten könnte, wenn jeder Passagier erst selbst vorführen müßte, daß er eine Sicherheitsweste anlegen, die Kabinentür öffnen oder die Position für eine Notlandung einnehmen kann. Dies alles in Gedanken durchzugehen ist jedoch eine gute Alternative.

Es ist ganz einfach eine Tatsache, daß jene, die vorbereitet sind, bei einem Unfall eine bessere Überlebenschance haben. Der Streß in einer Notsituation wie auch die übrigen Bedingungen, die mit einer solchen Situation wahrscheinlich einhergehen (z. B. Rauch oder Trümmer), sind mit der Gelassenheit, mit welcher die Sicherheitsdemonstrationen wie eine Fernsehansage vorgetragen werden, nicht zu vergleichen. Denken Sie daran, daß die Flugbegleiter in erster Linie für Ihre Sicherheit da sind, und zögern Sie nicht, dazu Fragen zu stellen, wenn Sie welche haben. Tips, die Ihr Selbstvertrauen und Ihre Überlebenschancen in einer Notsituation verbessern können, sind:

- ⇛ Nehmen Sie die Sicherheitsvorführungen ernst. Gleichgültig, wie häufig Sie fliegen, können Sie mit Ihrer Aufmerksamkeit Ihre bisherigen Kenntnisse festigen. Außerdem unterscheiden sich die Flugzeuge in ihrer Konstruktion und Ausstattung.
- ⇛ Lesen Sie die Karte mit den Sicherheitsinformatio-

nen; wiederholen Sie in Gedanken die einzelnen Schritte.

⇛ Denken Sie daran, zuerst Ihre Sauerstoffmaske aufzusetzen, bevor Sie sich um andere kümmern; ohne Sauerstoff sind Sie anderen keine große Hilfe.

⇛ Zählen Sie die Sitzreihen zwischen Ihrem Sitz und dem nächsten Notausgang; in einer qualmgefüllten Kabine könnte es wichtig sein, zu wissen, wann Sie bei einem Ausstieg angelangt sind.

⇛ Wenn Menschen unter Schock stehen, verhalten sie sich manchmal auf unvorhersehbare Weise. So könnten sie sich zum Beispiel weigern, das Flugzeug zu verlassen, wenn sie dazu aufgefordert werden. Folgen Sie den Anweisungen, aber bewahren Sie auch Ihren gesunden Menschenverstand.

Riskantes Verhalten bei Reisenden

Der größte Teil dieses Buches handelt von Flugreisen. Dieser kurze Abschnitt weicht ein wenig von diesem Thema ab, um einige der Risiken für den Reisenden in einer fremden Umgebung zu beleuchten.

Erhebungen von Krankenhäusern, die auf die Behandlung von Reisenden spezialisiert sind, bestätigen immer wieder, daß Urlauber sich Sorgen machen, sie könnten im Ausland durch das Essen oder verschmutztes Wasser krank werden. Einige Krankheiten können vermieden und Gesundheitsrisiken drastisch verringert werden, wenn man sich zeitig vor der Abreise über Maßnahmen und Vorkehrungen informiert und danach handelt. Untersuchungen haben jedoch ergeben, daß einige Leute sich nicht an den Rat der Fachleute halten und sich unnötigerweise der Gefahr von Infektionen, Erkrankungen oder anderem Mißgeschick aussetzen, und zwar in Kenntnis des damit verbundenen Risikos. Dazu drei Beispiele riskanten Verhaltens:

⇛ ungeschützter Geschlechtsverkehr mit Unbekannten, was die Gefahr einer Ansteckung (z. B. mit Gonorrhöe, Aids) birgt;
⇛ keine konsequente Einnahme von Anti-Malaria-Tabletten oder vorzeitiger Abbruch der Medikation, womit eine Malaria-Erkrankung riskiert wird;
⇛ ungenügender Sonnenschutz für die Haut, was zu Sonnenbrand oder sogar zu Hautkrebs führen kann.

Auch wenn es sich hierbei um ganz unterschiedliche Gesundheitsprobleme handelt, so verbindet sie doch die übliche »Risikobereitschaft« einiger Reisender. Es gibt verschiedene Erklärungen, warum Menschen unnötige Gefahren in Kauf nehmen:

⇛ Bei sexuellen Risiken schätzen manche den Grad des Risikos, dem sie sich aussetzen, nach der Erscheinung der Partner ein. So hören Beschäftigte im Gesundheitswesen Erklärungen wie: »Er sah zu gesund aus, um infiziert zu sein.« Oder: »Sie war jung, sah gut aus und war gar nicht der Typ, der krank ist.« Oder: »Wir haben es nur einmal getan, um das Risiko klein zu halten.« Natürlich sind derartige Überlegungen unzuverlässig, weil Geschlechtskrankheiten unabhängig von Alter oder Aussehen einer Person übertragen werden können und jemand infiziert, aber frei von äußerlichen Anzeichen sein kann.

⇛ Weit fort von zu Hause und der alltäglichen Routine kommt es manchmal zu einer anderen Einstellung gegenüber der Annehmbarkeit eines gewissen Risikos. So kann sich jemand auf der Geschäftsreise zu einem einmaligen Seitensprung entscheiden, weil er glaubt, daß die Beziehung zum Partner dadurch nicht gefährdet wird. Oder jemand, der die Einnahme von Medikamenten gegen Malaria mit einer Erkrankung gleichsetzt, verzichtet auf das Mittel, weil diese Sichtweise im Widerspruch zu der Vorstellung von Spaß und Erholung steht, wie man sie mit dem Gedanken an Urlaub verbindet.

⇛ Reisende bringen gerne vor, daß sie keine Moskitostiche auf ihrem Körper entdeckt und deshalb beschlossen hätten, keine Anti-Malaria-Pillen mehr einzunehmen. Wenn sie dann aber doch von einem Moskito gestochen werden, ist eine Infektion nicht mehr zu vermeiden. So ein Verhalten heißt, »Russisches Roulette« mit der Gesundheit zu spielen, mit allen dazugehörigen Risiken.

Um all diesen Gesundheitsproblemen vorzubeugen, muß man auf ein bißchen Spaß verzichten oder schöne Augenblicke mit unerfreulichen Unterbrechungen belasten. Wo zum Beispiel ein Risiko im sexuellen Bereich besteht, verwendet man besser Kondome oder verzichtet auf den Verkehr. Will man Malaria vermeiden, muß man Pillen einnehmen (die nicht gerade angenehm schmecken), und zwar nicht nur während der Zeit, in der man sich in einer malariaverseuchten Gegend aufhält, sondern bereits davor und noch einige Zeit danach. Und für den Sonnenanbeter empfiehlt sich statt der sofortigen Bräune (beziehungsweise des Sonnenbrands) ein langsames Braunwerden. All diese Situationen bergen ein gewisses Risiko und bedingen ein konsequentes Verhalten. Ein Ignorieren der Risiken ist gefährlich und kann sich sogar als recht fatal erweisen.

Ärztlicher Rat kann Sie bestenfalls über diese und ähnliche Risiken aufklären und Sie zu überzeugen versuchen, das Risiko so gering wie möglich zu halten, sich impfen zu lassen und Ihr Verhalten darauf einzustellen. Junge, unverheiratete Männer, die mit Freunden verreisen, sind gesundheitlichen Risiken aus zwei Gründen besonders ausgesetzt: Erstens sind sie eher bereit, sich im Ausland auf sexuelle und andere Risiken einzulassen. Zweitens kann das Gruppenverhalten den Einzelnen beeinflussen und von seinem Vorhaben (z. B. sich in vernünftigen Maßen zu bräunen oder die Malaria-Pillen einzunehmen) abbringen, indem die Gruppe beispielsweise den ganzen Tag in der Sonne schläft, nachdem man sich am Abend zuvor betrunken hat.

Reisende sagen sich oft: »Das wird mir schon nicht passieren, ich bin vorsichtig« oder: »Ich lasse es darauf ankommen.« Das Leben an sich birgt jedoch schon genug Risiken, daher ist es vernünftig, sie zu verringern, wo immer es möglich ist. Reisen erhöht zwar die gesundheitlichen Risiken, aber viele lassen sich ganz und gar vermeiden:

⇛ Informieren Sie sich: Suchen Sie vor der Reise eine Spezialklinik oder Ihren Hausarzt auf (und warten Sie damit nicht bis zur allerletzten Minute).
⇛ Ignorieren Sie ein Risiko nicht in der Hoffnung, daß es verschwindet. Die Folgen treten vielleicht nicht sofort in Erscheinung, aber sie können unangenehm oder sogar lebensbedrohend sein.
⇛ Fragen Sie sich vor der Reise genau, welchen Risiken Sie begegnen könnten. Überlegen Sie sich, was Sie dagegen unternehmen wollen, und halten Sie sich an Ihre Entscheidungen.
⇛ Die Gefahr, ein Risiko einzugehen, ist größer, wenn andere Faktoren dazukommen (z. B. Alkohol oder Drogen), weil dann die Fähigkeit, Entscheidungen zu treffen und zu befolgen, beeinträchtigt wird.
⇛ Wenn Sie nach Ihrer Rückkehr unbekannte oder unangenehme Anzeichen einer Erkrankung bemerken, suchen Sie einen Arzt auf.
⇛ Sagen Sie sich immer wieder: »Es ist besser, einen schönen Urlaub zu haben und gesund zu bleiben, als eine tolle Zeit zu haben und krank heimzukehren.«

Die obenstehenden Kapitel haben gezeigt, auf welche Weise Flugreisen uns psychisch und physisch beeinträchtigen können. Um den Streß zu reduzieren und mit der jeweiligen Situation zurechtzukommen, sollten Sie folgendes nicht vergessen:

⇛ Flugreisen mag etwas Glamouröses anhaften, sie sind aber trotzdem anstrengend. Rechnen Sie mit einigem Streß, und schrauben Sie Ihre hochgesteckten Erwartungen auf ein vernünftiges Maß herunter.

⇛ Fluggesellschaften sind Dienstleistungsunternehmen. Frustrationen und Enttäuschungen auf Flugreisen sind unvermeidlich; ignorieren Sie sie, wann immer möglich. Wenn Sie meinen, einen berechtigten Grund für eine Beschwerde zu haben, teilen Sie das einer vorgesetzten Instanz auf gemäßigte Weise mit. Falls nötig, verfassen Sie die Beschwerde in schriftlicher Form, und führen Sie alle Fakten auf. Erwähnen Sie, was Sie als vernünftige Entschädigung oder als Ausgleich erwarten. Mit Drohungen läßt sich selten etwas erreichen.

⇛ Treffen Sie rechtzeitig am Flughafen ein. Buchen Sie Ihren bevorzugten Sitzplatz wenn möglich im voraus. Versuchen Sie, nicht allzuviel Handgepäck mit an Bord zu nehmen. Es könnte sonst passieren, daß man Sie damit nicht einsteigen läßt.

⇛ Schotten Sie sich gegen Streß ab: Nehmen Sie viel Lesestoff mit, etwas zum Musikhören oder Einschlafen, Ohrstöpsel gegen den Lärm, und probieren Sie zu meditieren.

⇛ Vermeiden Sie zuviel Alkohol. Sie werden dadurch noch durstiger, und die Wirkung ist mitunter wegen der Flughöhe und der mangelnden Luftfeuchtigkeit stärker. Denken Sie an die alte Faustregel: »Einer in der Luft ist wie zwei auf dem Boden.«

⇛ Seien Sie sich bewußt, daß die besonderen Verhältnisse in einer Flugzeugkabine Sie reizbar und unruhig machen können. Benutzen Sie ein Feuchtigkeitsspray gegen die Trockenheit, und trinken Sie viel

Wasser ohne Kohlensäure, um Ihren Flüssigkeitshaushalt auszugleichen. Gehen Sie von Zeit zu Zeit auf und ab, um die Blutzirkulation zu beleben; tragen Sie lockere, bequeme Kleidung. Ernähren Sie sich gesund.

⇛ Hören Sie bei den Sicherheitsvorführungen zu. Lesen Sie die Karte mit den Sicherheitsinformationen. Wiederholen Sie die Vorgänge im Geiste für sich.

⇛ Achten Sie auf Ihre Sicherheit und Gesundheit.

⇛ Nehmen Sie sich die Zeit, Ihre Reise zu genießen.

Nachbemerkung

Unmittelbar vor Drucklegung dieses Ratgebers verfolgte die Welt die schrecklichen Ereignisse in Amerika. Einmal mehr wurde der Flugverkehr als Mittel des Terrors mißbraucht. Die Anschläge gegen die Zivilbevölkerung und den amerikanischen Staat werden das geistige und politische Klima der Welt verändern und gewiß auch das Flugwesen.

Im Verlag haben wir diskutiert, ob das vorliegende Buch angesichts des furchtbaren Geschehens aus dem Programm genommen werden soll. Aus zwei Gründen haben wir davon abgesehen. Zum einen: Die Menschen werden weiterhin fliegen wollen oder müssen und vielleicht Rat zu diesem Thema suchen. Zum andern aber scheint es uns richtig, dem Wahn und der Barbarei nicht nachzugeben, selbst bei einem bescheidenen Ereignis, wie es das Erscheinen dieses Buches darstellt.

12. September 2001
Der Verlag

Weiterführende Literatur

Anderson, Michael: *Arterien- und Venenleiden erfolgreich meistern. Arteriosklerose – Krampfadern – Thrombose.* 3. Auflage. Jopp/Oesch, Zürich 2001.

Bowlby, John: *Das Glück und die Trauer.* Klett-Cotta, Stuttgart 2001.

Coué, Emile: *Autosuggestion. Wie man die Herrschaft über sich selbst gewinnt. Die Kraft der Selbstbeeinflussung durch positives Denken.* 2. Auflage. Oesch, Zürich 2001.

Ellis, A., Gordon, J., Neenan, M., Palmer, S.: *Stress Counseling: A Rational Emotive Behaviour Approach.* Springer, New York 1998.

Leibold, Gerhard: *Bluthochdruck. Ursachen, Vorbeugung, erfolgreiche Naturheilverfahren.* 6. Auflage. Jopp/Oesch, Zürich 2001.

Leibold, Gerhard: *Niedriger Blutdruck. Hilfe durch bewährte Naturheilverfahren.* 6. Auflage. Jopp/Oesch, Zürich 2001.

Mark Aurel: *Selbstbetrachtungen.* Reclam, Stuttgart o.J.

Oesch, Emil: *Die Kunst, Zeit zu haben. Ratschläge für den Umgang mit unserem kostbarsten Gut.* 38. Auflage. Oesch Verlag, Zürich 2002.

Palmer, S.: *The Negative Travel Beliefs Questionnaire (NTBQ).* In: The Rational Emotive Behaviour Therapist 7 (1) 48-51, 1999 (Fachartikel).

Palmer, S., Strickland, L.: *Stress Management: A Quick Guide.* Folens Publishers, Dunstable 1996 (vergriffen).

Peale, Norman Vincent: *Die Kraft positiven Denkens.* Neuausgabe. Oesch, Zürich 2001.

Trickett, Shirley: *Angstzustände und Panikattacken erfolgreich meistern.* 10. Auflage. Oesch, Zürich 2001.

Aufschlüsselung der Kapitel und Unterkapitel zum Nachschlagen nach Begriffen von A bis Z

Die Autoren

Professor Robert Bor, in der Praxis erprobter klinischer Psychologe, ist ausgebildeter Pilot. Neben seiner Tätigkeit als Psychologie-Professor an der Guildhall University ist er Gastprofessor und Flugpsychologe an der Royal Free Hospital School of Medicine in London. Sein besonderes Interesse gilt der Behandlung von Menschen, die unter Flugangst leiden. Er hat zahlreiche Bücher und Artikel veröffentlicht.

Dr. Jeannette Josse, Psychiaterin und Psychotherapeutin, praktiziert in Cambridge und London. Darüber hinaus verfaßt sie fach- und populärwissenschaftliche Artikel zu Themen rund um Gesundheit und Beziehungen.

Dr. Stephen Palmer ist Psychologe und Gastprofessor für Psychologie an der City University. Der anerkannte Streßexperte leitet außerdem das Zentrum für Streßbewältigung in London und wird oft von den Medien konsultiert.